Gut(es) Zuhören

William R. Miller hat an folgenden im G. P. Probst Verlag erschienenen Büchern mitgewirkt:

STEPHEN ROLLNICK, WILLIAM R. MILLER & CHRISTOPHER C. BUTLER: *Motivierende Gesprächsführung in den Heilberufen – Core-Skills für Helfer* (2. Auflage 2020)

DAVID B. ROSENGREN: *Arbeitsbuch Motivierende Gesprächsführung – Trainingsmanual.* Mit einem Vorwort von William R. Miller & Stephen Rollnick (3. Auflage 2020)

William R. Miller

Gut(es) Zuhören

Die Kunst empathischen Verstehens

Aus dem amerikanischen Englisch von
Theo Kierdorf & Hildegard Höhr

G. P. PROBST VERLAG
Lichtenau/Westfalen

Dieses Buch dient der akkuraten und zuverlässigen Information über das beschriebene Thema. Es wird mit dem ausdrücklichen Hinweis zum Verkauf angeboten, daß der Verlag keine psychologischen, finanziellen, juristischen und anderweitigen Dienstleistungen anbietet. Falls Sie konkreten Rat oder eine allgemeine Beratung benötigen, wenden Sie sich bitte an entsprechende Experten. Die Ideen, Verfahrensweisen und Empfehlungen, die in dem Buch beschrieben werden, ersparen keine Beratung durch einen kompetenten Facharzt oder Therapeuten. Alle die Gesundheit betreffenden Fragen sollten grundsätzlich mit einem Arzt besprochen werden. Autor und Verlag übernehmen keine Verantwortung für Verluste oder Schädigungen, die angeblich durch Informationen oder Empfehlungen aus diesem Buch entstanden sind.

Für die Inhalte der im Buch angegebenen externen Webseiten übernehmen wir trotz sorgfältiger inhaltlicher Prüfung keinerlei Haftung. Für die Inhalte dieser Seiten sind ausschließlich deren Betreiber verantwortlich.

Die Originalausgabe (»LISTENING WELL: The Art of Empathic Understanding«) ist bei Wipf and Stock Publishers, Eugene / Oregon, USA erschienen.

Übersetzung aus dem amerikanischen Englisch: Theo Kierdorf & Hildegard Höhr, Köln
Umschlaggestaltung: Mareile Gropengießer, Paderborn
Coverfoto: © Zoran Zeremski – stock.adobe.com
Satz: SpaceType, Köln
Druck & Bindung: mediaprint solutions, Paderborn
Gedruckt in Deutschland

ISBN 978-3-944476-36-0

Bibliographische Information der Deutschen Nationalbibliothek
Die Deutsche Nationalbibliothek verzeichnet diese Publikation in der Deutschen Nationalbibliografie; detaillierte bibliografische Daten sind im Internet über *http://dnb.d-nb.de* abrufbar.

Inhalt

Vorwort 9

1 | Gemeinsam 11

2 | Akkurate Empathie 15

3 | Wie akkurate Empathie wirkt 19

4 | Die Einstellung empathischen Verstehens 25

5 | Was das Zuhören behindert 29

6 | Das Bild ohne den Ton 35

7 | Fragen stellen 39

8 | Reflexionen entwickeln 43

9 | Tiefer tauchen 51

10 | Bestätigen 63

11 | Sich ausdrücken 67

12 | In Beziehungen gut zuhören 75

13 | Empathisches Verstehen in engen Beziehungen 83

14 | Auf Werte hin hören 99

15 | Bei Konflikten gut zuhören 115

16 | Das Versprechen empathischen Verstehens 129

Anmerkungen und Literatur 133

Dr. Thomas Gordon
in Dankbarkeit
gewidmet

Vorwort

Wenn wir Menschen fragen, ob sie »gute Zuhörer« sind, antworten die meisten mit ja. Um gut zuhören zu können, brauchen wir jedoch einiges, was Menschen nur selten zu Hause oder in der Schule lernen, obwohl diese Dinge für unser Leben und unsere Beziehungen enorm wichtig sind. Ich war sicherlich nicht immer ein guter Zuhörer, aber das Zuhören ist eine der wichtigsten Fähigkeiten, die ich mir im Laufe der Zeit angeeignet habe und in deren Vervollkommnung ich mich noch heute übe.

Um gut zuzuhören, muß man viel mehr können, als nur still zu sein (obwohl das ein guter Anfang ist). Ursprünglich wurde diese Fähigkeit einmal *akkurate Empathie*[1] genannt, und bei ihr geht es um mehr, als einem anderen Menschen gegenüber Mitgefühl zu entwickeln. Es geht um etwas, das man *tut*, um »eine Fähigkeit, die Gefühle [der anderen Person] und die Bedeutung dieser Gefühle akkurat und sensibel *wahrzunehmen und zu kommunizieren*.«[2]

Glücklicherweise können wir alle diese wichtigen Kompetenzen erlernen und mit der Zeit in ihrer Anwendung besser werden. Seit fünf Jahrzehnten helfe ich Menschen, ihr empathisches Verstehen zu verbessern.[3] Ich habe Laien, Einzelne und Paare darin unterrichtet, freiwillige und semiprofessionelle Helfer, Studenten, Pfarrer und Ärzte, Krankenpfleger und Sozialarbeiter. Man braucht keinen Universitätsabschluß zu haben, um dies zu erlernen. Im Rahmen unserer wissenschaftlichen Untersuchungen haben wir keine Beziehung zwischen der Dauer der Ausbildung und der Nutzung der im vorliegenden Buch beschriebenen Fertigkeiten gefunden. Zwar entwickeln nur relativ wenige Menschen diese Fähigkeiten im normalen Alltagserleben, aber es ist eindeutig möglich, sie sich anzueignen.

Vielleicht war das Bedürfnis nach einer Wiederbelebung empathischen Verstehens und liebender Güte in der Gesellschaft nie größer als heute. Die Welt wird durch Unmenschlichkeit und Konflikte immer weiter zerrissen. Demokratische Nationen einschließlich derjenigen, der ich selbst angehöre, erleben eine erbitterte Polarisierung, was dazu geführt hat, daß nur wenige den Mitmenschen, die »auf der anderen Seite« stehen, zuhören. Deshalb werden Konflikte heute in der Politik, im Wirtschaftsleben und in den internationalen Beziehungen als akzeptabel, wenn nicht gar notwendig angesehen. Der soziale Diskurs verwandelt sich immer stärker in unpersönlichen Kontakt über die elektronischen sogenannten »sozialen Medien«. Das muß ganz sicher nicht so sein.

Die *Fähigkeit* zu empathischen Verstehen ist in unserem Gehirn fest angelegt, weil es sich dabei um ein Potential handelt, das sowohl dem Einzelnen als auch der Menschheit insgesamt das Überleben ermöglicht. Ebenso wie im Falle anderer Talente (beispielsweise im Bereich des Sports oder der Musik) hängt die Herausbildung der Fähigkeit zu empathischem Verstehen in einem gewissen Maße von der individuellen Veranlagung und von der Gelegenheit zum Üben ab.[4] Beginnend mit Kapitel 5 enthält dieses Buch spezielle »Probier's aus!«-Abschnitte, in denen Übungen beschrieben werden, die Ihre Fertigkeiten zu stärken vermögen. Letztlich geht es darum, ob es Ihnen gelingt, diese Fertigkeiten in Ihr Alltagsleben zu integrieren.

Nehmen Sie sich reichlich Zeit für die Lektüre dieses dünnen Büchleins. Zunächst geht es darum, das große Bild zu verstehen, aber Sie müssen auch konkrete Fertigkeiten erlernen, und das geht nicht nur durch Lesen. Die in den folgenden Kapiteln vorgestellten Komponenten bauen aufeinander auf. Sie müssen sich Zeit nehmen, um sie zu üben, so wie beim Erlernen eines Musikinstruments. Einige Komponenten leuchten Ihnen vielleicht sofort ein und bereiten Ihnen keine Schwierigkeiten, weil Ihnen diese Aspekte der Kommunikation schon vertraut sind. Andere mögen auf den ersten Blick simpel wirken, erweisen sich aber bei gründlicher Auseinandersetzung damit als schwieriger. Insgesamt beziehen sich alle diese Aspekte auf eine Fähigkeit, an deren Verfeinerung Sie Ihr ganzes Leben lang weiterarbeiten können.

1

Gemeinsam

Man versteht einen anderen Menschen erst dann wirklich, wenn man die Dinge aus seiner Perspektive sieht – wenn man in der Lage ist, sich in seine Haut hineinzuversetzen und darin umherzugehen.
— Harper Lee, To Kill a Mockingbird (Wer die Nachtigall stört)

Wir sind zutiefst soziale Wesen. Unsere Sprache, unsere Sitten, Werte, Einstellungen, Überzeugungen und sogar unser Selbstverständnis entwickeln sich, indem wir mit anderen Menschen interagieren. Wenn jemand Sie fragt: »Wer bist du?«, rahmen Sie einen großen Teil der Antwort darauf wahrscheinlich im Sinne von Beziehungen. Sie könnten auf Ihre familiäre Rolle, Ihre kulturelle oder religiöse Identifikation, Ihren Beruf oder Ihre Hobbys verweisen. All dies beschreibt, wer wir in Beziehung zu anderen sind. Sogar Schlagworte, die ein Fehlen von Beziehungen implizieren (beispielsweise »alleinstehend«, »unabhängig«, »einzelgängerisch«, »atheistisch« oder »autark«) bringen unsere Eigenarten in Beziehung zu anderen Menschen zum Ausdruck.

Ein wunderbares Merkmal der menschlichen Natur ist, daß wir nicht auf unser eigenes Erleben und unsere Perspektiven beschränkt sind. Bücher und Filme ermöglichen uns den Zugang zu den Ideen, Sichtweisen, Lebensgewohnheiten und Vorstellungen anderer Menschen. Jedes Gespräch erschließt uns eine ähnliche Gelegenheit. Wir müssen uns nicht mit dem begnügen, was wir schon wissen, und wir brauchen unser

Leben nicht unberührt vom Einfluß anderer zu führen. Wir sind soziale Wesen, die vom Erleben ihrer Mitmenschen profitieren können.

Daß wir uns aus unserer eigenen Sichtweise lösen und uns in die eines anderen Menschen (in das Gewahrsein, daß es andere Realitäten als unsere eigene gibt) hineinversetzen können, ist für die menschliche Entwicklung wichtig. Diese Fähigkeit, die Sichtweise eines anderen Menschen wahrzunehmen und sich damit zu identifizieren, wird oft *Empathie* genannt, und sie ist ein wichtiger Aspekt der menschlichen Intelligenz. Dazu sind wir sogar auf einer simplen Wahrnehmungsebene in der Lage. Wenn Sie ein Objekt von einer Seite sehen, können Sie sich dann vorstellen, wie es für jemanden aussehen mag, der es von der anderen Seite anschaut, und können Sie dies vielleicht sogar zeichnen? Versuchen Sie das einmal mit den beiden im folgenden abgebildeten Formen. Können Sie sich vorstellen, wie diese beiden Objekte aussehen würden, wenn Sie sie von hinten sähen? Einige unter uns können so etwas besser als andere, aber es handelt sich um eine Fähigkeit, die Kinder normalerweise in ihren Entwicklungsjahren erlangen.

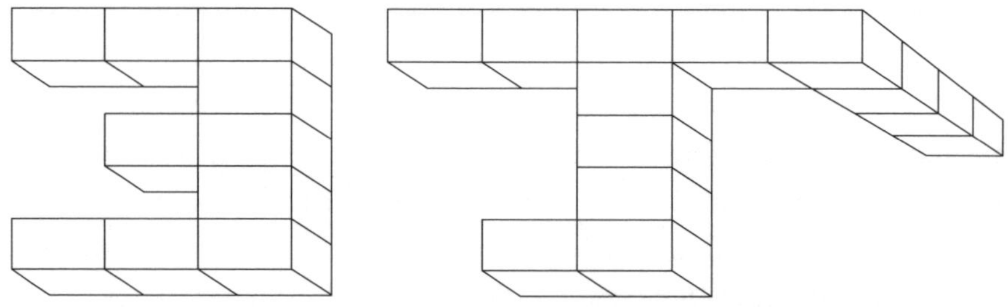

Sich in die Sichtweise eines anderen Menschen hineinversetzen zu können ermöglicht über die reine sensorische Wahrnehmung hinaus, sich vorstellen zu können, was jemand in bestimmten Situationen denkt oder fühlt. Wenn ein Film, Buch oder Theaterstück uns berührt, können wir das, weil wir uns in die Lage einer der darin mitwirkenden Personen versetzen und etwas von dem spüren, was diese Person erlebt. Wenn wir anderen Menschen beim Reden zuhören, können wir uns vorstellen, was die Betreffenden fühlen oder was sie denken mögen, aber nicht sagen. Sogar Kontrahenten versuchen zu erraten, was ihre Gegner im Schilde führen.

Wir sind von Geburt dazu ausgestattet, uns so zu verhalten. »Spiegelnde« Systeme in unserem Gehirn duplizieren buchstäblich die elektrischen Aktivierungsmuster, die durch eine von uns beobachtete Handlung hervorgerufen werden. Beobachten Sie einmal jemanden (oder stellen Sie sich einen Menschen vor), der einen schweren Hammer anhebt und damit auf einen Nagel schlägt; Sie werden merken, daß sich Ihre eigenen Muskeln leicht anspannen, als würden Sie die Bewegung selbst ausführen. Und wenn Sie jemanden beobachten, dessen Gesicht von jemand anderem sanft gestreichelt wird, wird bei Ihnen der Gehirnbereich, der für die Empfindungen im gleichen Bereich Ihrer eigenen Haut zuständig ist, aktiviert. Die Fähigkeit, das Erleben und die Intentionen anderer Menschen zu erkennen, ist ein wichtiger Teil unserer sozialen Fertigkeiten und sogar für unser Überleben als Individuen und Spezies unverzichtbar. Wenn es Menschen in erheblichem Maße an dieser Fähigkeit mangelt – wie es bei Autismus der Fall sein kann –, haben die Betroffenen große Probleme, zu anderen Menschen in Beziehung zu treten.

Es liegt in unserer Natur, lesen und erraten zu können, was andere Menschen denken und empfinden. Natürlich können wir mit unserem Raten falsch liegen und tun das oft auch tatsächlich. Dann deuten wir die Absichten eines anderen falsch und mißverstehen, was der Betreffende fühlt oder meint. Deshalb ist es so wichtig, zu empathischem Verstehen oder zu *akkurater Empathie* in der Lage zu sein. Wir benötigen diese Fertigkeit für das Zusammenleben und können sie durch Übung stärken. Empathisches Verstehen ist nicht nur etwas, das Sie *haben*, sondern Sie *tun* und *erleben* es auch. Es findet in Beziehungen statt und bereichert unser Leben. Und wenn Sie über die dazu erforderlichen Fertigkeiten verfügen, ist empathisches Verstehen auch ein kostbares Geschenk, das Sie anderen machen können. Es kann Mißverständnisse verhindern und einen harmonischeren und fließenderen Verlauf Ihrer Gespräche fördern.

Wenn Sie die in diesem Buch beschriebenen Fertigkeiten üben, kann das Ihre alltäglichen Beziehungen zu Freunden und Familienmitgliedern, zu Mitarbeitern, Arbeitskollegen und Kunden, Schülern und Studenten vertiefen. Viele der folgenden Kapitel enthalten »Probier's aus!«-Abschnitte, die Ihnen helfen sollen, selbst Empathie zu entwickeln. Ich empfehle Ihnen, diese Übungen wirklich auszuführen, sie mit Menschen auszuprobieren, die bereit sind, Ihnen zu helfen, diese Dinge zu erlernen, am besten mit jemandem, der dies selbst gern lernen würde. Wenden Sie die Übungen aber nicht gleich auf die schwierigsten Situationen an, beispielsweise wenn Sie sich mitten in einem Konflikt befinden oder unter starker Anspannung stehen. Sie zu erlernen ist am leichtesten, wenn Sie entspannt sind, Ihr Geist klar ist und Sie auf das, was Sie tun, fokussieren können. Setzen Sie sich beim Üben das Ziel, andere zu *verstehen* und ihnen zu signalisieren, daß Sie sie verstehen. Versuchen Sie nichts zu erzwingen, es sei denn, es geht Ihnen darum, in dem, was Sie üben, besser zu werden. Möglicherweise werden Ihnen viele Dinge einfallen, die Sie sagen könnten; Sie sollten sich aber darauf konzentrieren, statt dessen etwas Neues und anderes auszuprobieren. Das Resultat Ihrer Bemühungen kann Ihr Leben mit der Zeit dauerhaft verändern. – Jedenfalls war es bei mir so. – Aber seien Sie mit sich geduldig. Wie beim Erlernen einer Sportart oder eines Musikinstruments müssen Sie sich auch hier zunächst einige grundlegende Fertigkeiten aneignen.

2

Akkurate Empathie

[Empathie] ist eine der delikatesten und wirkmächtigsten Arten, unsere Möglichkeiten zu nutzen. Obwohl zu diesem Thema so vieles gesagt und geschrieben wurde, gelangt diese Art zu sein in Beziehungen nur selten zu voller Blüte.

— Carl Rogers, »Empathic: An Unappreciated Way of Being« [5]

Empathie ist uns zwar in einem gewissen Maße angeboren, aber für akkurate Empathie gilt dies nicht. Wir können uns zwar vorstellen, was andere Menschen denken und fühlen, aber das bedeutet nicht, daß unsere Mutmaßungen in jedem Fall korrekt sind. Trotzdem nehmen die meisten Menschen die meiste Zeit über an, daß ihre Deutungen zutreffen, und dementsprechend handeln sie – was zu vielen Mißverständnissen und Konflikten führen kann.

Was Empathie nicht ist

Wenn wir herausfinden wollen, was Empathie ist, sollten wir uns zunächst damit befassen, was Empathie *nicht* ist. Empathie (wörtlich »Einfühlen«) ist nicht das gleiche wie *Sympathie* – »Mitfühlen« oder »jemanden bemitleiden«. Sympathie erfordert einen gewissen Abstand von der Person, der unser Mitfühlen gilt, ein Abstandnehmen und ein Sichschlecht-Fühlen *wegen* jemand anderem (mit einer Betonung auf »anderem«). Sympathie ist lobenswert und kann zu mitfühlendem Handeln motivieren, ist aber nicht das gleiche wie Empathie.

Empathie unterscheidet sich auch von *Apathie*, einer Bezeichnung für das Fehlen von Gefühl oder Zuwendung. Apathie beinhaltet einen Mangel an Verbundenheit, Anteilnahme oder Interesse. Sie wird manchmal mit Objektivität verwechselt, was die Betrachtung eines Objekts ohne emotionale Verbundenheit mit demselben beinhaltet. Empathie hingegen bezeichnet nicht nur Aufmerksamkeit einer anderen Person gegenüber, sondern auch das Bestehen einer Verbindung zu ihr und ein aktives Interesse am Verständnis dessen, was die andere Person erlebt.

Und schließlich ist Empathie nicht das gleiche wie die *Identifikation* mit einem anderen Menschen. Sie setzt nicht voraus, daß wir etwas ähnliches wie sie erlebt haben oder daß wir zur gleichen Zeit wie sie etwas Ähnliches fühlen. Empathisches Verstehen einer wütenden Person gegenüber erfordert nicht, daß wir zur gleichen Zeit wie sie selbst Wut empfinden. Wenn wir uns aufgrund der Ähnlichkeit eines anderen Menschen mit uns selbst mit diesem identifizieren, ist das akkurater Empathie sogar eher hinderlich: Was die andere Person in solch einem Fall zum Ausdruck bringt, ist unserer eigenen Situation zu nahe, als daß wir verstehen könnten, wie sich das, was die andere Person erlebt, von unserem eigenen Erleben unterscheidet.

Eine erlernbare und nützliche Fertigkeit

Wir können akkurate Empathie erlernen. Es geht dabei um die Fähigkeit, klar zu verstehen, was ein anderer Mensch erlebt, ihn zu »kapieren«. Robert Heinlein hat in seinem klassischen Roman *Fremder in einer fremden Welt* ein Verb neu eingeführt, das genau dies zum Ausdruck bringen soll: »I *grok* you« – »Ich habe eine ziemlich klare Vorstellung davon, was du meinst.« Einigen Menschen fällt es von Natur aus leicht, Empathie zu entwickeln. Sie eignen sich diese Fähigkeit schneller an als ihre Mitmenschen. Anderen fällt es zunächst schwerer, sich von ihren eigenen

Annahmen zu lösen und sich in eine fremde Sichtweise hineinzuversetzen. Im Laufe der Jahre ist es mir trotz aller Bemühungen einige Male nicht gelungen, Menschen diese Fähigkeit zu vermitteln. Das Problem war in solchen Fällen offenbar, daß es den Betreffenden nicht möglich war, sich eine andere Sicht zu eigen zu machen. Die meisten Menschen jedoch können lernen, akkurate Empathie zu entwickeln. Vielleicht verhält es sich damit ähnlich wie mit dem Erlernen eines Musikinstruments. Es gibt Naturtalente, die alles sehr schnell begreifen; andere Menschen hingegen sind schlicht unmusikalisch. Und zwischen diesen beiden Extremen befindet sich die große Zahl derjenigen, die eine gewisse Fertigkeit entwickeln und durch eigenes Üben und entsprechende Anleitung allmählich verbessern können. Außerdem kann man eine früher einmal erlernte Fertigkeit durch mangelnden Gebrauch wieder verlieren.

In jedem Fall ist es der Mühe wert, einen Versuch zu wagen. Akkurate Empathie klärt die Kommunikation und stärkt Beziehungen. Sie kann für elterliche Aufgaben, Erziehung, Freundschaft und Beruf von Nutzen sein. Außerdem ist dies eine grundlegende Fähigkeit für alle in helfenden Berufen Tätigen. Die Entwicklung akkurater Empathie erfordert einen lebenslangen Lernprozeß, in dessen Verlauf Sie durch Übung allmählich besser werden können.

Allerdings geht es dabei um mehr als nur eine Technik. Sie können zwar bestimmte Fertigkeiten üben, um kompetenter darin zu werden, aber empathisches Verstehen wird mit der Zeit zu einem Teil dessen, wer Sie *sind*. Offenheit für das Erleben anderer verändert uns selbst. Dies ist vergleichbar mit dem Unterschied zwischen jemandem, der sich darin übt, ein Instrument zu spielen, und einem Musiker. Aber ich greife vor.

3

Wie akkurate Empathie wirkt

Die meisten Menschen hören nicht zu, um zu verstehen.
Sie hören zu, um zu antworten.
— STEVEN COVEY, Die 7 Wege zur Effektivität, S. 283

Im Grunde ist akkurate Empathie simpel. Sie beinhaltet nur, daß man richtig zu verstehen lernt, was ein anderer Mensch denkt, fühlt, erlebt und im Sinn hat. Beherrscht jemand diese Kunst wirklich gut, erweckt das von außen betrachtet den Anschein, es sei leicht zu erreichen; tatsächlich ist das aber nicht der Fall, zumindest am Anfang nicht. Akkurate Empathie zu entwickeln erscheint uns nur so lange als simpel, bis wir uns darin versuchen.

Ein nützliches Diagramm für akkurate Empathie hat Thomas Gordon[6] entwickelt, ein Schüler des Psychologen Carl Rogers, der durch sein Lebenswerk das Verständnis akkurater Empathie gefördert hat. Das Diagramm besteht aus vier Quadraten und wird in der folgenden Abbildung vorgestellt.

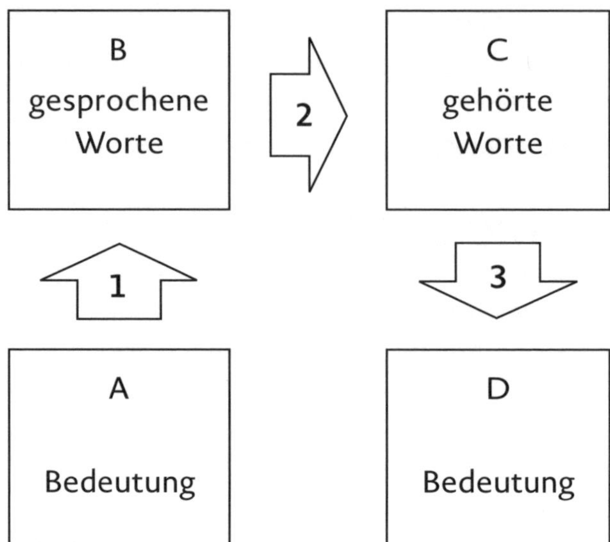

Bevor jemand spricht oder in anderer Form kommuniziert, existiert eine verborgene Bedeutung. Dabei handelt es sich um das, was im betreffenden Moment in Geist und Herz der Person vor sich geht, betrachtet vor dem Hintergrund ihrer Erlebnisse im Laufe ihres ganzen bisherigen Lebens. Das ist der Inhalt von Quadrat A unten links mit der Bezeichnung *Bedeutung*.

Quadrat B repräsentiert, was die Person sagt, ihre *gesprochenen Worte*. Wenn Sie mit jemandem per eMail oder SMS kommunizieren, erhalten Sie nur Worte. Stehen wir jemandem hingegen persönlich gegenüber, »sagen« wir wesentlich mehr, als unsere Worte in einem Transkript vermuten lassen. Gesichtsausdruck, Klang und Lautstärke der Stimme, Körperhaltung und eventuelle Bewegungen übermitteln uns dann zusätzliche Informationen. Der Einfachheit der Darstellung halber werden im Quadrat oben links nur »gesprochene« Worte erwähnt; Ihnen sollte aber klar sein, daß es um viel mehr geht.

Nun wenden wir uns der rechten Seite des Diagramms, der Seite des Zuhörers, zu. Zunächst geht es darum, daß die Worte richtig bei Ihnen ankommen – daß Sie hören, was der Sprecher tatsächlich gesagt hat (Quadrat C). Dies erfordert jene beeindruckende Fähigkeit, über die

Protokollanten bei Gericht verfügen müssen, die exakt mitschreiben, was in einer Verhandlung gesprochen wird. Geschieht dies korrekt, kann das soeben Gesagte bei einer sofortigen Überprüfung reproduziert werden. Das Quadrat oben rechts steht für die *gehörten Worte*.

Schließlich gibt es unten rechts noch das Quadrat D, das ebenfalls mit der Aufschrift *Bedeutung* versehen ist. Hier deutet der Zuhörer das Gehörte. Was hat der Sprecher gemeint? Das ist immer eine Mutmaßung, wobei sich Zuhörer oft nicht darüber im klaren sind, daß ihre Deutung nichts weiter als eine Annahme, eine Hypothese ist.

Eine Kommunikation kann an drei Stellen fehlschlagen, die in unserem Diagramm durch die Zahlen 1–3 in den Pfeilen markiert sind. *Erstens* (Pfeil 1) weiß jeder, daß Menschen nicht immer sagen, was sie meinen. Ihre Äußerungen beinhalten nur einen kleinen Teil des reichen inneren Erlebens, aus dem die Äußerungen hervorgegangen sind. Vielleicht vermag der Sprecher nicht besonders gut, in Worte zu fassen, was er wirklich meint; oder er spricht in seiner Zweit- oder Drittsprache. Das gesprochene Wort kann durch Befangenheit, Furcht, den Wunsch, einen guten Eindruck zu hinterlassen, oder die Absicht zu täuschen beeinflußt werden. Die Worte decken nur einen kleinen Teil der gesamten Geschichte ab, und dies ist der erste Punkt, an dem klare Kommunikation scheitern kann.

Zweitens (Pfeil 2) muß der Zuhörer das Gesagte hören. Das kann durch viele Dinge verhindert werden, unter anderem durch Unaufmerksamkeit, eine zu große räumliche Distanz, Ablenkung, die Beeinträchtigung des Hörvermögens oder daß der Sprecher nicht in der Muttersprache des Zuhörers gesprochen hat. Wenn die Worte nicht akkurat aufgenommen werden, unterscheidet sich Quadrat C von Quadrat B, und es entsteht eine weitere Ursache für das Fehlschlagen der Kommunikation.

Der *dritte* Schritt (Pfeil 3) erfordert, daß der Sprecher das Gemeinte entschlüsselt, und das ist eine besonders ergiebige Ursache für Mißverständnisse. Der Zuhörer vergleicht blitzschnell (und weitgehend unbewußt) jedes gesprochene Wort mit einem inneren Lexikon möglicher Bedeutungen und entwickelt dann aufgrund vorangegangener Erlebnisse eine Deutung der Aussage des Sprechers. Deshalb kann sich der Inhalt von Quadrat D sehr stark vom Inhalt von Quadrat A unterscheiden, obwohl der Zuhörer sich so verhält, als wäre Quadrat D mit Quadrat A *identisch*.

Stellen Sie sich nun beispielsweise vor, zwei Menschen leben seit etwa einem Jahr zusammen. Der eine von beiden (der Zuhörer) arbeitet in einem Bürogebäude, die andere (die Sprecherin) hält sich meist zu Hause auf und kümmert sich um Haushalt und Familie. Das Abendessen ist vorbei, und die Sprecherin hatte gehofft, nun ein wenig Zeit mit ihrem Mann verbringen zu können, hat das aber nicht gesagt. Sie ist enttäuscht, als sie sieht, daß ihr Partner sich anschickt, ein paar Dinge zusammenzupacken und sich so auf die Fortsetzung seiner Arbeit vorzubereiten – wobei zu erwähnen ist, daß er die Absicht, den Abend so zu verbringen, ebenfalls nicht zum Ausdruck gebracht hat. Das innere Erleben der Sprecherin (Quadrat A), die gehofft hatte, ein wenig Zeit mit ihrem Mann zu haben, könnte demnach beinhalten: »Ich liebe dich und bedauere es wirklich, daß wir so wenig Zeit gemeinsam verbringen. Ich hatte gehofft, wir würden heute Abend zusammen zu Hause bleiben, ein wenig miteinander reden und uns vielleicht auch lieben.«

Aber wie faßt die Sprecherin all dies tatsächlich in Worte? Die real gesprochenen Worte (Quadrat B) lauten: »Gehst du noch fort?«

Für den Zuhörer ist es nicht allzu schwer, die Worte zu hören (Quadrat C), auch wenn die Partner sich in diesem Moment nicht angeschaut haben. Die Frage resoniert im Ohr des Zuhörers ebenso wie etwas im Klang der Stimme der Sprecherin, das auf Irritation hindeutet. Nun ist der Zuhörer bei ziemlich autoritären Eltern aufgewachsen und ist noch nicht ganz über sein Bedürfnis, sich gegen deren Kontrolle aufzulehnen, hinweggekommen. Deshalb verbindet er mit den Worten der Sprecherin folgende Bedeutung (Quadrat D): »Du solltest mir immer vorher sagen, was du vorhast, und mich um Erlaubnis bitten.« Deshalb antwortet der Zuhörer: »Laß mich in Ruhe!«

Wie gründlich eine Kommunikation innerhalb nur eines einzigen Austauschs fehlschlagen kann! Die Sprecherin wollte eigentlich kommunizieren: »Ich liebe dich, und ich wünsche mir, daß wir heute Abend ein wenig Zeit für uns haben.« Sie ist völlig perplex angesichts der Zurückweisung »Laß mich in Ruhe!« Was bedeutet das? Und so nehmen die Dinge ihren Lauf.

Akkurate Empathie zielt darauf, die Kommunikation so zu gestalten, daß sie nicht fehlschlägt. Vereinfacht ausgedrückt geht es darum herauszufinden, ob Quadrat D identisch ist mit Quadrat A. War meine Vermutung richtig? Einige erlernbare Fertigkeiten, die Menschen zu akkurater Empathie befähigen, werden in den folgenden Kapiteln beschrieben, und es sei nochmals darauf hingewiesen, daß diese Fertigkeiten zwar simpel, aber deshalb nicht in jedem Fall leicht zu erlernen sind. Es geht hier darum, daß akkurate Empathie beinhaltet, *herauszufinden*, ob Sie die Botschaft richtig verstehen, statt einfach anzunehmen, daß dies der Fall ist. Fragt man zu diesem Zweck jedoch ständig: »Habe ich richtig gehört, daß …?«, wird das mit der Zeit unerträglich, weil Menschen so normalerweise nicht miteinander reden. Die Kunst besteht darin, akkurate Empathie in den normalen Gesprächsfluß zu integrieren, damit Sprecherin und Zuhörer im Einklang miteinander kommunizieren und einander nicht mißverstehen. Und wenn man das erreichen will, muß man diese Fertigkeiten ziemlich gut beherrschen.

Sich darum zu bemühen lohnt den Aufwand. Wie das obige Beispiel zeigt, kann schon ein einziger Austausch, dargestellt in Form der Rundbewegung von Quadrat A zu Quadrat D, entsetzlich fehlschlagen. Klare Kommunikation ist in fast allen Beziehungen von zentraler Bedeutung, und wir werden uns mit dieser Thematik in den Kapiteln 12 und 13 noch einmal gründlicher beschäftigen. Wenn Sie die Kunst akkurater Empathie erlernt haben, verfügen Sie über ein kostbares Geschenk, das Sie anderen Menschen weitergeben können.

Für die Sprecherin umfaßt dieses Geschenk einige wichtige Werte. *Erstens* übermittelt es die fürsorgliche Zuwendung und den Respekt des Zuhörers, auch wenn dies nicht direkt zum Ausdruck gebracht wird: *»Du bist mir wichtig. Ich möchte verstehen, was du meinst, und ich bin bereit, mir Zeit zu nehmen, um dich besser kennenzulernen. Was du sagst und meinst, ist mir wichtig.« Zweitens* hilft es der Sprecherin, sich gehört und verstanden zu fühlen. Sie braucht nicht immer wieder das gleiche zu sagen, weil der Zuhörer ihre Botschaft klar auffängt. Und mindestens ebenso wichtig ist ein *dritter* Wert: Akkurate Empathie hilft der Sprecherin, ihr eigenes Erleben zu erforschen und besser zu verstehen. Akkurate Empathie ist eine Fertigkeit, die psychologische Berater genau aus diesem Grund erlernen.

Das Geschenk hat auch für den Schenkenden einen Wert. Für den Zuhörer kann von Vorteil sein, daß es Mißverständnisse verhindert und dadurch Beziehungen vertieft. Nach meiner Auffassung verändert das Üben akkurater Empathie mit der Zeit auch den Zuhörer. In Verbindung mit der Fähigkeit zu empathischem Verstehen können sich die Fähigkeit zu akzeptieren, Mitgefühl, die Fähigkeit zu vergeben und Demut entwickeln. Es erinnert Sie ständig daran, daß Sie nicht der Mittelpunkt des Universums, die einzige Quelle der Wahrheit sind. Akkurate Empathie öffnet Ihr Gewahrsein sowohl für die Vielfalt als auch für die allgemeine Verbundenheit menschlicher Wesen. So habe zumindest ich es erlebt.

4

Die Einstellung empathischen Verstehens

Was die meisten Menschen am dringendsten brauchen ist, daß ihnen jemand gut zuhört.

— Mary Lou Casey

Ebenso wie bei der Musik muß man, um zu empathischem Verstehen fähig zu sein, mehr als nur Technik erlernen. Zweifellos lassen sich bestimmte Fertigkeiten durch Übung verbessern, aber Technik allein ist nicht, worum es zentral geht. Gut zuzuhören ist, als würde man einen bestimmten Hut aufsetzen, das Sich-Aneignen einer empathischen Einstellung und das Annehmen einer bestimmten Rolle. Es gibt eine geistige Einstellung oder besser gesagt eine »Herzenseinstellung«, mit der man sich auf ein Gespräch einläßt, wenn man akkurate Empathie praktiziert. Aber das ist nicht als Voraussetzung zu verstehen, die erfüllt sein muß, bevor man mit dem Üben beginnt. Vielmehr erlernen Sie diese Gewohnheiten des Geistes und des Herzens durch das Üben akkurater Empathie. Allerdings müssen Sie zumindest eine gewisse Bereitschaft mitbringen, eine Offenheit für die Annahmen, die empathischem Verstehen zugrunde liegen.

Die *erste* dieser Annahmen lautet, daß es von Wert ist, durch die Augen eines anderen Menschen zu schauen, »in seinen Schuhen zu gehen«, zu verstehen, was der Betreffende wahrnimmt und erlebt. Das *ist* tatsächlich eine Voraussetzung für klare Kommunikation: sich darüber im klaren zu sein, daß die eigenen Annahmen bestenfalls lückenhaft sind. Antworten Sie zumindest so lange nicht, bis Sie sicher sind, daß Sie wirklich verstehen, was die Sprecherin zum Ausdruck bringen will.

Wichtig ist *zweitens* die Bereitschaft, nicht im Zentrum der Aufmerksamkeit zu stehen. Empathisch zu sein bedeutet, daß man bereit ist, sich von der Ichzentriertheit zu entfernen, sich im Dienste des Verstehens zeitweise von den eigenen Zielen und Bestrebungen abzuwenden. Empathisches Verstehen beinhaltet echtes Interesse am Erleben anderer Menschen und entsprechende Neugier. Einer der wunderbaren Vorzüge, die ich als Psychologe genossen habe, ist, daß mir im Laufe der Zeit so viele Menschen erlaubt haben, mich in ihrer inneren Welt umzuschauen. In den Genuß dieser Freude kommen nicht nur in helfenden Berufen Tätige; auch Freunde und Liebende gewähren sie einander und sollten dies tun. Dies kann ein wichtiges Element erzieherischer und seelsorgerischer Aktivitäten sowie ein Aspekt von Führungsqualitäten und von Mentoring sein, und auch die Beziehungen zu Familienmitgliedern und Arbeitskollegen können dadurch bereichert werden.

Die Fähigkeit, anderen Menschen zuzuhören, erschließt uns deren Weisheit. Und noch ein *dritter* Aspekt ist wichtig: Andere Menschen und insbesondere diejenigen, die sich stark von uns unterscheiden, können uns vieles lehren. Empathisches Verstehen beinhaltet, Unterschiede zu respektieren und zu würdigen und von ihnen zu lernen.

Unter akkurater Empathie liegt in der Tiefe Mitgefühl als Intention und Gewohnheit des Herzens verborgen. Mitgefühl geht über bloßes Interesse an anderen und Neugier auf sie hinaus. Es beinhaltet zu wünschen, daß es ihnen gut geht, und bereit zu sein, auf dieses Ziel hinzuarbeiten. Je besser wir das Leiden anderer Menschen verstehen, um so mehr sehnen wir uns danach, es zu lindern.[7] Je besser wir anderen zuhören, um so stärker spüren wir, wie sehr wir ihnen ähneln und wie stark wir mit ihnen verbunden sind.

Die Bereitschaft, durch die Augen eines anderen Menschen zu blicken, von unserer Ichzentriertheit abzusehen, respektvoll aufzunehmen, was andere uns anbieten, und ihnen Wohlergehen zu wünschen – dies sind Gewohnheiten des Geistes und Herzens, die empathischem Verstehen zugrunde liegen und seine Entwicklung fördern.

5

Was das Zuhören behindert

Wir haben zwei Ohren und einen Mund und sollten sie in diesem Verhältnis zueinander benutzen.

— Susan Cain, Quiet: The Power of Introverts in a World That Can't Stop Talking

Eine Möglichkeit, etwas zu verstehen, besteht darin, zunächst herauszufinden, was es *nicht* ist. Obwohl die meisten von uns sich für gute Zuhörer halten, ist das, was wir in Gesprächen tatsächlich tun, etwas völlig anderes.

Ich beziehe mich abermals auf die Schriften von Thomas Gordon, um zu beschreiben, was die Praxis guten Zuhörens *nicht* beinhaltet.[8] Ich habe die zwölf Kommunikationssperren, die er beschrieben hat, ein wenig revidiert, aber Weisheit und Einfachheit dieser Idee sind einzig und allein sein Verdienst. Es geht hier um zwölf Arten, auf die Menschen oft reagieren, *statt* gut zuzuhören, manchmal sogar in der Absicht, gute Zuhörer zu sein.

1. **Anweisen** beinhaltet, jemandem zu sagen, was er tun soll, als würde man etwas anordnen oder einen Befehl geben.

   - Du mußt der Realität ins Gesicht schauen!
   - Hör' auf damit!
   - Geh' jetzt sofort zu ihr, und sag' ihr, daß es dir leid tut!
   - Hör' auf, dich zu beklagen, und tu' etwas, um es zu verändern!

2. **Warnen** beinhaltet, daß man auf die Risiken oder Gefahren hinweist, die mit dem Tun der anderen Person verbunden sind. Das kann auch in Form einer Drohung zum Ausdruck kommen.

   - Wenn du das tust, wird es dir später leid tun.
   - Ist dir denn nicht klar, was passiert, wenn du damit fortfährst?
   - Du wirst diese Beziehung zerstören.
   - Du solltest besser auf mich hören.

3. **Beraten** beinhaltet, Vorschläge zu machen und Lösungsmöglichkeiten zu formulieren, in der Regel in der Absicht zu helfen.

   - Ich an deiner Stelle würde folgendes tun: ...
   - Hast du schon einmal darüber nachgedacht, ob du ...
   - Du könntest folgendes ausprobieren: ...
   - Was ist mit ... ?

4. **Überzeugen** kann beinhalten, zu dozieren, zu debattieren, zu begründen oder zu versuchen, jemanden durch logische Argumente zu überzeugen.

   - Wenn du einmal gründlicher darüber nachdenkst, wird dir klar werden, daß ...
   - Ja, aber ist dir denn nicht klar, daß ...
   - Wir sollten das noch einmal genau durchdenken. Tatsache ist, ...
   - Es wäre richtig, folgendes zu tun, und zwar aus diesem Grund: ...

5. **Moralisieren** beinhaltet, Menschen zu sagen, was sie tun *sollten*.

- Du solltest wirklich ...
- Du mußt unbedingt ...
- Ich bin der Meinung, du solltest ...
- Es ist deine Pflicht, zu ...

6. **Urteilen** kann die Form von Beschuldigen, Kritisieren oder simplem Widersprechen annehmen.

- Nun, da bist du selbst schuld!
- Du schläfst um zehn Uhr morgens noch?
- Nein, da liegst du völlig falsch.
- Nun, was hast du denn erwartet?

7. **Zustimmen** klingt gewöhnlich, als würde man sich auf die Seite der anderen Person stellen und sie vielleicht bestätigen oder loben.

- Ja, du hast vollkommen recht.
- Gut für dich!
- Das würde ich an deiner Stelle auch tun.
- Du bist so eine gute Mutter.

8. **Beschämen** oder Lächerlichmachen kann beinhalten, daß man das, was die andere Person sagt oder tut, abfällig kommentiert oder mit einer stereotypen Sichtweise in Verbindung bringt.

- Ziemlich dumm von dir, so etwas zu denken.
- Wie konntest du das nur tun?
- Du solltest dich wirklich schämen!
- Du bist unglaublich egoistisch!

9. **Analysieren** bietet eine Umdeutung oder Erklärung dessen an, was die andere Person sagt oder tut.

- Das meinst du doch wohl nicht so.
- Weißt du eigentlich, was dein wahres Problem ist?
- Du versuchst doch nur, mich in ein schlechtes Licht zu rücken.
- Nach meiner Auffassung geht es hier um etwas völlig anderes, nämlich ...

10. **Nachforschen** beinhaltet, daß man Fragen stellt, um Fakten zu sammeln oder mehr Informationen zu erhalten.

    - Wann ist dir das erstmals klar geworden?
    - Weshalb fühlst du dich so?
    - Wo hast du das zum letzten Mal gesehen?
    - Warum?

11. **Beruhigen** kann mitfühlend oder tröstend klingen.

    - Ach, du Armer. Du tust mir wirklich leid.
    - Oh je, ich bin mir sicher, daß alles wieder in Ordnung kommt.
    - Eigentlich stehen die Dinge gar nicht so schlecht.
    - Wenn du in einem Jahr auf diese Situation zurückblickst, wirst du wahrscheinlich darüber lachen.

12. **Ablenken** beinhaltet den Versuch, Menschen von dem, was sie erleben, abzubringen, indem man sich darüber lustig macht, das Thema wechselt oder sich zurückzieht.

    - Sprechen wir doch mal über etwas anderes.
    - Sei nicht so pessimistisch! Entspann dich!
    - Wenn du glaubst, du hättest Probleme, dann hör' dir mal an, was ich dir jetzt erzähle!
    - Das erinnert mich an einen alten Witz.

Was ist problematisch an Kommunikationssperren?

Wenn ich diese zwölf Verhaltensweisen als Kommunikationssperren bezeichne, werde ich manchmal gefragt: »Was ist denn dagegen einzuwenden?« Ich habe aber gar nicht gesagt, daß diese Reaktionsweisen grundsätzlich falsch sind. Es gibt Situationen und Zusammenhänge, in denen jede von ihnen geeignet ist. Sie entsprechen nur nicht gutem Zuhören, und wenn Sie die Fähigkeit zu akkurater Empathie entwickeln wollen, ist es wichtig, nicht auf diese zwölf reflexhaften Reaktionsweisen zurückzugreifen. Kommunikationssperren haben die Eigenart, Menschen vom natürlichen Fluß ihres Erlebens abzulenken. Der Sprecher muß die Kommunikationssperre umgehen, um weiter der eingeschlagenen Richtung folgen zu können, weil er sonst von ihr abgelenkt werden könnte.

Außerdem verbergen sich hinter den Reaktionen im Sinne der Kommunikationssperren gewisse implizite Aspekte, die das Verstehen behindern können. Ob absichtlich oder nicht, machen sich viele dieser Reaktionsweisen eine Position der Überlegenheit zu eigen: »Ich weiß es am besten. Also hör auf mich.« Einige sind unverblümte Herabsetzungen, die implizieren, daß mit dem Sprecher etwas nicht in Ordnung ist, eine Haltung, die Kommunikation tendenziell unmöglich macht. Andere wie Zustimmen, Beruhigen und Ablenken sind in erster Linie Gesprächsstopper. »Du hast jetzt genug gesagt.« Damit meine ich nicht, daß Sie *nie* auf diese Arten antworten sollten. Nur hat das nichts mit gutem Zuhören zu tun, wobei es darum geht, Sichtweise und Erleben der anderen Person zu verstehen.

Probier's aus!

Es erfordert nicht viel Zeit, die Begrenztheit von Antworten im Sinne der Kommunikationssperren zu erleben. Wie für die meisten in diesem Buch empfohlenen Übungen benötigen Sie auch für diese mindestens einen Übungspartner. Bei der im folgenden beschriebenen Übung geht es um einen Sprecher und einen Helfer. Der Sprecher hat die Aufgabe, über etwas zu reden, das Sie vielleicht gern verbessern würden, eine Veränderung zum Positiven, die Sie in Ihrem Alltag vornehmen möchten. Das gesamte Gespräch sollte etwa fünf Minuten dauern. Beschreiben Sie zunächst kurz, um welche Veränderung es Ihnen geht.

Die Aufgabe des Helfers besteht darin, in den fünf Minuten so viele Kommunikationssperren wie möglich zu benutzen. Halten Sie eine Liste der verschiedenen Blockademöglichkeiten bereit. Jede von diesen kann sehr rasch und elegant eingeflochten werden:

- Urteilen: Das solltest du wirklich tun. Du mußt es!
- Zustimmen: Ja, du hast völlig recht.
- Analysieren: Ich glaube nicht, daß das das wahre Problem ist.
- Beraten: Du könntest es auf folgende Weise angehen.

Gestalten Sie die Übung so, daß sie Ihnen Freude macht. Sie brauchen dabei nicht todernst zu sein; bemühen Sie sich nur, am Ball zu bleiben. Als Sprecher sollten Sie unablässig darüber reden, was Sie verändern möchten. Als Helfer sollten Sie immer neue Kommunikationssperren einflechten. Wenn das Gespräch in ausgelassener Fröhlichkeit endet, ist das angestrebte Ziel erreicht. Tauschen Sie dann die Rollen, und wiederholen Sie die Übung.

6

Das Bild ohne den Ton

Versäume nie eine gute Gelegenheit,
den Mund zu halten.
— Will Rogers

Auch ohne einen Ton zu produzieren, kann man anderen Menschen mitteilen, ob man ihnen zuhört und sie versteht. Stellen Sie sich einen Fernsehbildschirm vor, auf dem Sie zwei Menschen im Gespräch sehen, wobei der Ton abgeschaltet ist. Wie können Sie, wenn Sie nicht einmal sehen, wessen Lippen sich bewegen, erkennen, welche der beiden Personen zuhört und wie gut sie verfolgt, was die andere Person sagt? Anders gefragt: Wie sieht ein guter Zuhörer aus? Die Antwort fällt von Kultur zu Kultur unterschiedlich aus. Beispielsweise gibt es deutliche kulturelle Unterschiede bezüglich der Entfernung der Zuhörer vom Sprecher in einem solchen Gespräch und bezüglich der Selbstverständlichkeit, mit der er den Sprecher berührt. Denken Sie also daran, daß es solche Unterschiede gibt, wenn ich Anzeichen für Zuhören beschreibe, insbesondere wenn sich die Kultur, in der Sie leben, stark von amerikanischen und europäischen Verhältnissen unterscheidet.

Entscheidend ist hierbei zu demonstrieren, daß Sie dem Sprecher Ihre ungeteilte Aufmerksamkeit schenken. Die Augen geben recht zuverlässig über die Qualität des Zuhörens Aufschluß. Ein guter Zuhörer hält gewöhnlich den Blickkontakt aufrecht, wohingegen der Sprecher normalerweise zwischen Anschauen des Zuhörers und Wegschauen wechselt. Es gibt aber auch Kulturen und Kontexte, in denen es als Zeichen des Respekts angesehen wird, wenn der Zuhörer den Sprecher *nicht* anschaut und statt dessen zu Boden schaut. Sie werden aus eigener Erfahrung wissen, wie Menschen in Ihrer Kultur signalisieren, daß sie gut zuhören; aber in der Regel erhalten Zuhörer Blickkontakt zum Sprecher aufrecht. Der Sprecher kann jederzeit wegschauen und den Blickkontakt unterbrechen – es sei denn, Sie stehen ihm unmittelbar, von Angesicht zu Angesicht, gegenüber, was buchstäblich eine *Kon-Frontation* wäre.

Wie könnten Sie gutes Zuhören sonst noch signalisieren, ohne die Stimme zu benutzen? Ist es besser, ein objektiv wirkendes »Poker-face« zu zeigen, also jeden mimischen Ausdruck zu unterdrücken? Es gibt Zusammenhänge (beispielsweise das Pokern), in denen dies angemessen ist, aber gewöhnlich verändert sich bei einem engagierten Zuhörer der Gesichtsausdruck, und diese Veränderungen spiegeln teilweise, was der Sprecher sagt. Divergenzen können auf Unaufmerksamkeit hindeuten: Beispielsweise ist ein Lächeln unpassend, wenn der Sprecher über etwas sehr Trauriges berichtet. Gelegentliches (nicht ständiges!) Nicken kann Verstehen signalisieren. Die Körperhaltung kommuniziert Interesse und Aufmerksamkeit – in Form von Zu- oder Abwendung, Vor- oder Zurücklehnen.

Gutes Zuhören wird auch durch das, was Sie *nicht* tun, signalisiert. Empathische Zuhörer unterbrechen einen Sprecher nicht, sie suchen nicht in der Umgebung nach jemanden, der sie mehr interessiert als die Ausführungen des Vortragenden, und sie schauen auch nicht immer wieder auf die Uhr und fummeln nicht an ihrem Handy und an ähnlichen Gerätschaften herum. Überlegen Sie einmal, wie Sie nur aufgrund der Dinge, die Sie sehen – also ohne etwas zu hören – erkennen können, ob einen Zuhörer interessiert, was der Sprecher sagt, oder ob er lieber etwas anderes täte.

Es gibt auch eine Art stimmlichen Ausdrucks, die nichts mit Worten zu tun hat. Auch dabei handelt es sich um akustische Phänomene: Ähh. Hmm. Mm Hmm. Ah! Schnauf. Keuch. In Skandinavien und in den kanadischen Seeprovinzen ziehen Menschen die Atemluft ein, begleitet von einem »Jaah«-artigen Geräusch, um zu signalisieren, daß sie zuhören oder zustimmen (wohingegen sie auf diese Weise niemals eine Frage beantworten), ähnlich wie andere »mm hmm« einsetzen. Solche kurzen Vokalisationen bedeuten: »Ich höre dich«, »Ich folge dem, was du sagst«, »Sag mehr darüber«.

Probier's aus!

Sie können dies trainieren, um zu lernen, die Dynamik des Zuhörens stärker wahrzunehmen. Arbeiten Sie mit einem Partner zusammen, wobei derjenige von Ihnen, der die Rolle des Sprechers übernimmt, bereit sein muß, etwa drei Minuten lang über ein Thema zu sprechen. Als Themen hierfür bieten sich an:

- Wie es für mich war, in meinem Elternhaus aufzuwachsen
- Mein Lieblingsurlaub (oder Traumurlaub)
- Ein Erlebnis, das ich hatte und das andere möglicherweise nur schwer verstehen werden

Der Zuhörer soll bei dieser Übung zeigen, daß er zuhört, interessiert ist und versteht, ohne daß er ein Wort oder auch nur Vokalisierungen wie die erwähnten benutzt. Wie können Sie verdeutlichen, daß Sie zuhören, ohne ein Geräusch zu erzeugen? Wie können Sie mit nonverbalen Mitteln demonstrieren, daß Sie richtig verstehen, was der Sprecher sagt? Wenn Sie wollen, können Sie die Übung anschließend mit vertauschten Rollen wiederholen. Diskutieren Sie mit Ihrem Übungspartner darüber, wie es für Sie war, bei der Übung Sprecher und Zuhörer zu sein.

7

Fragen stellen

Wichtig ist, daß man nicht aufhört zu fragen.
Neugier hat ihren eigenen Seinsgrund.
— Albert Einstein, Old Man's Advice to Youth

Nachdem Sie nun (in Kapitel 6) geübt haben zuzuhören, ohne Worte zu benutzen, ist es an der Zeit, den Ton zu dem, was Sie sehen, einzuschalten. Das erste, was einem Zuhörer in den Sinn kommt, ist oft, Fragen zu stellen. Schließlich kennt man das doch auch von Interviewern. Reporter stellen in der Regel eine Liste von Fragen zusammen, auf die sie sich Antworten wünschen.

Und tatsächlich gibt es auch in der Welt akkurater Empathie Raum für Fragen; andererseits sollte man beim Fragenstellen aber auch einige wichtige Einschränkungen beachten. Zum einen ist, wie in Kapitel 5 erklärt wurde, Fragenstellen nicht das gleiche wie Zuhören. Es kann sogar als Kommunikationssperre fungieren, weil Sie durch eine Frage die Aufmerksamkeit des Sprechers auf Themen lenken, die Sie selbst besonders interessieren, statt nur akzeptierend zuzuhören. Die meisten Menschen stellen viel zu viele Fragen, wenn sie versuchen, gute Zuhörer zu sein, und der Gewohnheit, sich zu sehr auf Fragen zu verlassen, entgegenzuarbeiten ist ein wichtiger Aspekt der Entwicklung akkurater Empathie. Zu viele Fragen zu stellen kann vom Befragten wie ein

Verhör empfunden werden. Eine einfache Faustregel lautet, daß man nie drei Fragen in direkter Folge stellen sollte.

Fragen haben zweifellos ihren Wert und ihre Funktion. Eine gut plazierte Frage kann ein Gespräch beflügeln, als Türöffner fungieren und Ihnen so erst ermöglichen, gut zuzuhören. Eine Frage kann Ihnen auch helfen, etwas aufzuklären, das Sie nicht verstehen.

Zwischen sogenannten offenen und geschlossenen Fragen besteht ein wichtiger Unterschied. Geschlossene Fragen zielen auf eine kurze Antwort, weil sie auf ganz bestimmte Informationen fokussieren und dadurch die Möglichkeiten der Befragten, zu antworten, von vornherein eingrenzen. Simple Beispiele für geschlossene Fragen sind:

- Wo wohnen Sie? (Faktensammeln)
- Rauchen Sie? (Ja oder nein)
- Trinken Sie lieber Kaffee oder Tee? (Multiple Choice)
- Meinen Sie, Sie sollten kürzer treten? (rhetorische Frage, weil die bevorzugte Antwort nahegelegt wird)

Bei geschlossenen Fragen behält der Fragende die Kontrolle über das Geschehen, und eine Anzahl solcher Fragen in direkter Folge zwingt den Sprecher in eine passive Rolle. Manchmal liegt Fragen dieser Art die unausgesprochene Implikation »Wenn ich genügend Fragen gestellt habe, werde ich eine Antwort für dich haben« zugrunde.

Offene Fragen hingegen öffnen die Tür zu einem großen Spektrum möglicher Antworten. Beispiele hierfür sind:

- Wie war die Woche für Sie?
- Wie sieht ein typischer Tag für Sie aus?
- Erzählen Sie mir, wie Sie Ihre Kindheit und Jugend in Ihrer Familie erlebt haben.
- Was macht Ihnen zu schaffen?

Wie an diesen Beispielen zu erkennen ist, schränken auch offene Fragen die Thematik eines Gesprächs ein wenig ein, aber sie geben zumindest nur den Ausgangspunkt vor. Versuchen Sie, nach dem Stellen einer solchen offenen Frage nur zuzuhören, statt anschließend gleich weitere Fragen zu stellen, und verfolgen Sie die Entwicklung des Gesprächs, ohne immer wieder mit Fragen einzugreifen.

Zuhörer stellen oft zu viele Fragen, weil sie nicht wissen, was sie sonst tun könnten. Wenn alle in Kapitel 5 vorgestellten Kommunikationssperren kein Zuhören sind, was bleibt dann noch? Mit diesem Thema befaßt sich Kapitel 8.

Probier's aus!

Inzwischen können Sie sich ein wenig mit dieser Übung vergnügen, in der Sie sich darauf konzentrieren, geschlossene Fragen zu stellen. Auf dieser Grundlage können Sie im nächsten Kapitel aufbauen. Die Übung läßt sich gut mit drei oder vier Teilnehmern ausführen, es reichen aber auch zwei. Übernehmen Sie abwechselnd die Rolle des Sprechers, dessen Aufgabe darin besteht zu sagen: »Eine Sache, die Sie über mich wissen sollten, ist, daß ich ________________________ bin.« Setzen Sie in die Lücke ein Adjektiv, das Sie beschreibt und das einen gewissen Deutungsspielraum offen läßt. Beispiele hierfür sind: Ich bin beharrlich, fürsorglich, störrisch, vertrauensvoll, geduldig, kreativ, neugierig, mitfühlend, abenteuerlustig.

Aufgabe des Zuhörers ist es zu erraten, was der Sprecher meint, und er tut dies in einer bestimmten Form, die ein wenig an das Spiel »Zwanzig Fragen« erinnert. Fragen Sie sich als Zuhörer: »Was *könnte* dieses Wort bezogen auf diese Person bedeuten?« Stellen Sie nur geschlossene Fragen, die mit »ja« oder »nein« beantwortet werden können, und benutzen Sie dazu genau folgende Worte: »Meinen Sie, daß Sie __________ ____?« Der Sprecher darf diese Fragen *ausschließlich* mit »ja« oder »nein« beantworten, ohne jegliche weitere Erläuterungen. Das könnte beispielsweise wie im folgenden verlaufen:

SPRECHER: Sie sollten wissen, daß ich untraditionell bin.

ZUHÖRER 1: Meinen Sie, daß Ihre Familie keine Traditionen hat?

SPRECHER: Nein.

ZUHÖRER 2: Meinen Sie, daß Sie zur Unberechenbarkeit neigen?

SPRECHER: (hält inne) Nein.

ZUHÖRER 3: Meinen Sie, Sie wollen Ihren Weg lieber selbst suchen?

SPRECHER: Ja.

ZUHÖRER 2: Meinen Sie, daß Sie es nicht mögen, wenn andere Ihnen sagen, was Sie tun sollen?

SPRECHER: Ja.

ZUHÖRER 1: Meinen Sie, daß Sie unabhängig sein wollen und nicht möchten, daß sich jemand auf Sie verläßt?

SPRECHER: Nein.

So geht es weiter. Stellen Sie so lange geschlossene Fragen, bis Sie meinen, einen genauen Eindruck davon gewonnen zu haben, was der Sprecher meint, oder bis Sie aufgeben. Lassen Sie ihm anschließend ein wenig Zeit klarzustellen, was er wirklich gemeint hat und was nicht. Danach übernimmt jemand anders die Rolle des Sprechers. Die Übung wird ein wenig leichter, wenn zwei oder mehr Zuhörer daran teilnehmen und sich mit dem Fragenstellen abwechseln können.

Aus der Übung ergeben sich oft verschiedene Einsichten. *Erstens* liegen selbst gute Vermutungen oft falsch. Was einem Zuhörer als naheliegende Implikation erscheinen mag, entspricht möglicherweise absolut nicht dem, was der Sprecher gemeint hat. Für den Zuhörer kann es frustrierend sein, sich auf die Formulierung geschlossener Fragen beschränken zu müssen. Zweitens fühlen sich die Sprecher gewöhnlich frustriert, weil sie nur mit »ja« oder »nein« antworten dürfen. Deshalb versuchen sie häufig, durch die Art, *wie* sie mit »ja« oder »nein« antworten, mehr zum Ausdruck zu bringen, insbesondere durch den Tonfall. Glücklicherweise werden Sie in Kapitel 8 von diesen Einschränkungen befreit.

8

Reflexionen entwickeln

Zuhören bedeutet nicht nur, nicht zu reden, wobei uns meist nicht einmal das möglich ist; es bedeutet vielmehr, daß wir ein starkes menschliches Interesse an dem haben, was uns berichtet wird. Man kann wie eine nackte Wand zuhören oder wie ein prächtiges Auditorium, in dem jeder Klang voller und bereicherter zurückschallt.

— Alice Duer Miller

In diesem Kapitel wenden wir uns dem zentralen Anliegen der in diesem Buch vorgestellten Methode zu, Aussagen im Sinne reflektierenden Zuhörens zu formulieren. Empathisches Verstehen beinhaltet mehr als das, aber reflektierendes Zuhören führt Sie in die richtige Richtung. Sie können diese Fertigkeit mit der Zeit weiter verbessern, und auf diese Weise können Sie empathischer werden. Dies ist ein Pfad des *Tuns*, der zum *Sein* führt.

Reflektierendes Zuhören[9] erfordert die bereits erläuterten Fertigkeiten der Vermeidung von Kommunikationssperren (Kapitel 5) und der Fokussierung ungeteilter Aufmerksamkeit (Kapitel 6). Dies kann schon an und für sich schwer genug sein. Carl Rogers beobachtete: »Offenbar fällt es den meisten Leuten sehr schwer, einer anderen Person aufmerksam zuzuhören. Jeder überlegt, was er sagen wird, wenn der Sprecher verstummt ist. Oder jemand konzentriert sich auf eine bestimmte Äußerung des Sprechers und bekommt den Rest nicht mehr mit, weil er damit beschäftigt ist, sich Argumente gegen die betreffende Äußerung zurechtzulegen.«[10]

Was genau ist reflektierendes Zuhören also? So wie die »Meinen Sie, daß ...?«-Fragen aus Kapitel 7 bringen auch Reflexionen eine Vermutung darüber zum Ausdruck, was der Sprecher meint. Aber eine gute Reflexion wird nicht als Frage, sondern als *Aussage* formuliert. Das erfordert mindestens zwei Veränderungen hinsichtlich des Sprachgebrauchs. *Erstens* werden die für eine Frage typischen Einleitungswörter weggelassen, also beispielsweise: »Meinen Sie ...«, »Sind Sie ...«, »Ist das ...« usw. So würden Sie bei der Frage »Meinen Sie, daß Sie talentiert sind?« die Wörter »Meinen Sie, daß« weglassen, und übrig bliebe nur: »Sie sind talentiert?« Nun ist das immer noch eine Frage. Deshalb müssen Sie auch das Fragezeichen am Ende entfernen. Wenn Sie Englisch sprechen – und das gleiche gilt für die meisten europäischen Sprachen –, ist der entscheidende Unterschied bei einer Aussage, daß Sie die Stimme am Schluß des Satzes sinken lassen, wohingegen sie bei einer Frage emporsteigt. Probieren Sie das einmal mit den folgenden Beispielen aus, und achten Sie auf den Unterschied zwischen:

»Sie sind talentiert?« und: *»Sie sind talentiert.«*

»Sie sind unglücklich?« und *»Sie sind unglücklich.«*

Es geht darum, wie Sie Ihre Stimme benutzen.

Wenn Sie eine Frage in eine Reflexion umwandeln wollen, müssen Sie also die für Fragen typischen einleitenden Wörter weglassen und Ihre Stimme am Ende des Satzes sinken lassen. Wenn Ihnen das Formulieren einer reflektierenden Äußerung schwerfällt, können Sie zunächst eine entsprechende Frage formulieren (Meinen Sie, daß Sie ...) und dann die beiden soeben erläuterten Veränderungen vornehmen. Beginnen Sie den Satz dazu einfach mit »Sie«, und lassen Sie die Stimme am Schluß des Satzes sinken. Gutes reflektierendes Zuhören ist komplexer als das, was ich soeben beschrieben habe, aber das Beschriebene ist zumindest ein Anfang.

Die meisten Menschen empfinden es anfangs als merkwürdig, eine Aussage zu formulieren, statt eine Frage zu stellen. Schließlich ist Ihnen ja klar, daß das, was Sie sagen, lediglich eine Vermutung ist. Wäre es da nicht besser, eine Frage zu stellen, als eine Aussage zu formulieren? Legen Sie der anderen Person dadurch nicht eine Aussage in den Mund? Was ist, wenn sich Ihre Vermutung als falsch erweist? Etwas in Ihnen drängt Sie dazu, die Stimme am Ende des Satzes ansteigen zu lassen und so eine Frage zu stellen. Vertrauen Sie mir: Meist ist es besser, bei Reflexionen die Aussageform zu benutzen, so merkwürdig sich das anfangs anfühlen mag.

Ein Grund dafür ist, daß eine Frage die angesprochene Person unter Druck setzt zu antworten. Der Druck ist subtil, sozusagen wie bei einem Mini-Verhör. Aussagen wirken in der Regel nicht so. Nehmen wir beispielsweise an, jemand bringt Ihnen gegenüber seine Frustration wegen eines Gesprächs mit seiner Mutter zum Ausdruck. Sprechen Sie in der Rolle des Zuhörers folgende Sätze laut aus:

Sind Sie wütend auf Ihre Mutter?

Sie sind wütend auf Ihre Mutter.

Hier geht es um die Flexion der Stimme. Es gibt viele verschiedene Möglichkeiten, diese beiden Zeilen zu lesen. Spüren Sie den feinen Unterschied in der Reaktion des Sprechers, je nachdem, ob Sie eine Frage stellen oder eine Aussage formulieren? Eine Frage ist mit etwas verbunden, das beim Sprecher oft den Wunsch weckt, die Frage zurückzuziehen, oder das ihn zumindest dazu bringt, noch einmal darüber nachzudenken, ob er die Frage wirklich hätte stellen sollen.

Stellen Sie sich nun vor, daß Sie mit einem Teenager sprechen, der sich irgendwie schlecht benommen hat. Sprechen Sie als Zuhörer die folgenden beiden Zeilen laut:

Du siehst an dem, was du getan hast, nichts, was falsch war?

Du siehst an dem, was du getan hast, nichts, was falsch war.

Spüren Sie den Unterschied? Die Frage impliziert, daß die angesprochene Person etwas als falsch ansehen *sollte*, selbst wenn Sie das gar nicht beabsichtigt haben. Einer Aussage fehlt diese Konnotation; sie lädt die andere Person ein, ehrlicher und weniger defensiv zu antworten. Eine Aussage klingt meist akzeptierender, während Fragen, selbst wenn sie genau die gleichen Worte benutzen, verurteilend wirken können.

Was geschieht, wenn Sie eine *Aussage* im Stil reflektierenden Zuhörens formulieren? Gewöhnlich äußert sich der Sprecher dazu ungehindert, da er keiner Kommunikationssperre ausweichen muß. Reflektierendes Zuhören ermöglicht Menschen, ihr Erleben auszudrücken und zu erforschen, ohne bei diesem Bemühen gestört zu werden. Insofern beinhaltet die Kunst empathischen Verstehens einen zeitweiligen Verzicht auf die Beanspruchung einer eigenen Position, jener eigenen Meinungen, Urteile und Empfehlungen, die in Kapitel 5 als potentielle Kommunikationssperren beschrieben wurden. Sie fokussieren dabei ausschließlich darauf, in sich aufzunehmen und zu verstehen, was dieser Sprecher innerlich erlebt. Wie schon früher gesagt wurde, ist dies auch für Sie als Zuhörer ein Vorteil, da Sie ein privilegierter Besucher der inneren Welt der anderen Person sind. Wenn Sie jemanden in seinem Haus besuchen, brauchen Sie dort nicht gleich die Möbel umzustellen. Es reicht, wenn Sie sich hinsetzen und zuhören.

Doch was passiert, wenn sich Ihre Vermutung als falsch erweist? Das Fehlschlagen einer Reflexion wird nicht bestraft. Wahrscheinlich sagen Ihnen die anderen Betroffenen dann, was sie *tatsächlich* meinen. Dadurch wird Ihre Fähigkeit, zutreffende Vermutungen zu entwickeln, im Laufe der Zeit besser, denn bei jedem Anbieten einer Reflexion erhalten Sie sofort Feedback.

Es folgt nun ein Beispiel für den Verlauf eines Gesprächs, wenn sich der Zuhörer ausschließlich des reflektierenden Zuhörens bedient. Der Ausgangspunkt ist der gleiche wie im Beispiel aus Kapitel 7.

Sprecher (S): Sie sollten wissen, daß ich untraditionell bin.

Zuhörer (Z): Sie haben in Ihrer Familie keine Traditionen. *(Eine unzutreffende Vermutung)*

S.: Doch, die haben wir. Das habe ich nicht gemeint. Ich mag es nur nicht, Dinge so zu machen, wie andere Menschen es von mir erwarten.

Z.: Es hat also etwas mit Erwartungen zu tun, damit, was andere Menschen von Ihnen erwarten.

S.: Genau! Warum sollte ich etwas sein, das andere sich von mir wünschen?

Z.: Es erscheint Ihnen nicht sinnvoll zu versuchen, es anderen recht zu machen.

S.: Ja. Ich will sein, wer ich bin. Manchmal mag verständlich sein, daß andere Menschen Erwartungen an mich haben.

Z.: Sie meinen für Sie akzeptable Erwartungen.

S.: Klar doch. Niemand läßt sich auf eine engagierte Beziehung ein, wenn er mit der anderen Person nicht bestimmte Erwartungen verbindet. Das ist verständlich. Oder im Beruf, nehme ich an.

Z.: Wenn Sie jemanden lieben oder für jemanden arbeiten, sind bestimmte Sie betreffende Erwartungen verständlich.

S.: Ja. Ich würde lieber selbständig arbeiten, aber so ist die Situation nun einmal nicht.

Z.: Es geht also um eine Art Ausgleich zwischen »sein eigener Herr sein« und dem Zusammensein mit anderen Menschen, die Ihnen gegenüber bestimmte nachvollziehbare Erwartungen haben.

S.: Eine Art Balance, ja. Ich mag es nun einmal nicht, anderen Rechenschaft schuldig zu sein. Aber ich weiß schon: Niemand ist eine Insel.

Ein Gespräch kann wesentlich weiter, schneller und tiefer führen, wenn der Zuhörer sich die Zeit nimmt, gute Reflexionen anzubieten, statt auf Fragen zurückzugreifen! Weil Sprecher und Zuhörer sich im Einklang befinden, fließt der Dialog dann besser. Wahrscheinlich reflektiert der Sprecher in solch einem Gespräch auch über sein eigenes Verständnis und sein Erleben.

Achten Sie bezüglich eines solchen Gesprächs noch auf etwas anderes. Die Reflexionen, die der Zuhörer anbietet, unterbrechen den Sprecher nicht und lassen ihn nicht vom Weg abkommen. Und der Zuhörer wiederholt auch nicht wie ein Papagei, was der Sprecher gesagt hat. Die Reflexionen bringen das Gespräch weiter, ohne zu weit zu springen. Ich habe dieser Form der Reflexion den Namen »den Absatz fortsetzen« gegeben. Statt zu wiederholen, was der Sprecher gesagt hat, bietet der Zuhörer etwas an, das in einem Absatz der *nächste* Satz sein könnte. Nach dem ersten Mißerfolg des Zuhörers im obigen Gespräch kann man die Worte in Form eines vom Sprecher gesprochenen zusammenhängenden Absatzes aufschreiben. Dazu braucht man nur ein paar Pronomen zu verändern. Diese kunstvolle Form reflektierenden Zuhörens läßt das Gespräch leichter und schneller fließen.

Probier's aus!

Es folgt nun der nächste Schritt auf dem Weg zur Kunst reflektierenden Zuhörens. Das Format und die beteiligten Personen können wie bei der in Kapitel 7 beschriebenen Übung bleiben; es werden aber einige wichtige Änderungen vorgenommen. Wie schon vorher sagt der Sprecher: »Sie sollten wissen, daß ich ______________________ bin«, wobei er ein Adjektiv einfügt, dessen Sinn gedeutet werden kann. Aber diesmal stellt der Zuhörer Reflexionen in den Raum, statt Fragen zu formulieren. Falls Ihnen als Zuhörer zunächst nichts einfällt, können Sie eine »Meinen Sie, daß Sie ...«-Frage formulieren, dann die für Fragen typischen Anfangswörter entfernen, so daß Ihre Äußerung mit »Sie« beginnt, und schließlich lassen Sie am Ende des Satzes Ihre Stimme sinken, um eine Aussage zu markieren. Nehmen Sie sich genügend Zeit, und seien Sie geduldig; es wird eine Weile dauern, bis Sie sich an diese Art zu reflektieren gewöhnt haben.

Übrigens kann der Sprecher nun so antworten, wie er es als natürlich empfindet. Sie brauchen als Sprecher nicht mehr nur mit »ja« oder »nein« zu antworten, sondern können mehr darüber sagen, was Sie meinen. Wenn der Zuhörer Ihnen eine Frage stellt (selbst wenn er seine Stimme am Satzende emporsteigen läßt), antworten Sie nicht, sondern warten, bis Sie eine Aussage im Stile reflektierenden Zuhörens vernehmen, und antworten dann darauf.

Dadurch wird die Situation für den Zuhörer schwieriger, denn er muß nun nicht nur an die ursprüngliche Äußerung des Sprechers denken und darüber reflektieren, sondern auch die nach der Reflexion neu eintreffenden Informationen berücksichtigen. Verstehen Sie, worum es geht? Das Beispiel weiter oben in diesem Kapitel zeigt, wie dieser Austausch verlaufen kann, aber in diesem Zusammenhang wurde nichts über die Richtung, dic Ihr eigenes Gespräch nehmen wird, ausgesagt. Bieten Sie Reflexionen an, bis Sie das Gefühl haben, daß Sie verstehen, was der Sprecher meint, und tauschen Sie dann die Rollen.

Menschen, die diese Übung ausprobieren, machen oft folgende Erfahrungen. Zunächst einmal empfinden sie das Reflektieren als schwierig! Es fällt ihnen wesentlich leichter, Fragen zu stellen. Zuhörer denken auch an all die Dinge, die sie hätten sagen können, statt zu reflektieren (wobei es sich in vielen Fällen um Kommunikationssperren handelt). Sprecher finden oft Gefallen an dieser Übung. Schließlich erleben sie im Laufe eines Monats normalerweise nicht viele Gespräche, in denen sich der Zuhörer auf nichts anderes konzentrieren kann als darauf, zu verstehen, was sie meinen. Manchmal überrascht es sogar Sprecher, wohin sich ein Gespräch entwickelt, und sie entdecken Bedeutungen, die ihnen zunächst gar nicht aufgefallen waren.

9

Tiefer tauchen

Es erfordert zwei, die Wahrheit zu sagen –
einen, der spricht, und einen, der zuhört.
— Henry David Thoreau

In einem schon klassischen Witz spricht in New York ein Tourist auf der Straße einen Einheimischen an und fragt ihn: »Wie komme ich zur Carnegie Hall?« Der Einheimische antwortet: »Üben, üben, üben!«

Genauso verhält es sich mit akkurater Empathie. Je intensiver man an der Entwicklung einer Geisteshaltung des Zuhörens arbeitet und je länger man sich im reflektierenden Zuhören übt, um so selbstverständlicher kann man es nutzen. Ein echter Vorteil für das Erlernen ist, daß Sie beim Anbieten einer Reflexion jedesmal sofort Feedback darüber erhalten, ob diese zutrifft. Ganz gleich, ob die Reflexion getroffen hat oder nicht, Sie finden in jedem Fall mehr darüber heraus, was die andere Person wirklich meint. Im Laufe der Zeit werden Sie so besser im Raten und kompetenter im Reflektieren von Bedeutungen. Wenn ich eine Reflexion anbiete, werde ich vom Sprecher manchmal gefragt: »Wie haben Sie das herausgefunden?« Die Antwort lautet: »Üben, üben, üben!«

Wie in Kapitel 8 erläutert wurde, besteht kompetentes reflektierendes Zuhören nicht nur in der Wiederholung dessen, was Sie hören. Nur zu wiederholen, was ein anderer Mensch gesagt hat (dies wird manchmal *einfache* Reflexion genannt), klingt merkwürdig und erweckt in der Regel den Eindruck, nirgendwohin zu führen:

Sprecher: Ich hatte heute einen ziemlich unangenehmen Tag.

Zuhörer: Sie hatten einen unangenehmen Tag.

S: Nichts schien rund zu laufen.

Z: Das klingt wirklich unangenehm.

S: Ja.

Z: Die Dinge sind für Sie einfach nicht gut gelaufen.

S: Genau.

Das klingt nicht wie ein normales Gespräch, und der Zuhörer hat über die Erlebnisse des Sprechers an diesem Tag nicht viel herausgefunden. Das Problem ist hier, daß der Zuhörer *zu* nahe an den Worten des Sprechers bleibt.

Kunstfertigere Reflexionen gehen ein kleines Risiko ein, indem sie eine Vermutung darüber formulieren, was der Sprecher gemeint haben könnte, obwohl er es nicht deutlich gesagt hat. Im Grunde ist es tatsächlich so, als schriebe man einen Absatz in einem Text weiter und versuchte zu erraten, wie der *nächste* Satz lauten könnte. Was *könnte* der Sprecher meinen, wenn er sagt: »Ich hatte heute einen ziemlich unangenehmen Tag«? Es könnte bedeuten:

- Ich wurde in einen Konflikt verwickelt.
- Ich hatte einige unangenehme Erlebnisse.
- Ich habe ziemlich hart gearbeitet.
- Ich bin wirklich müde.
- Ich fühle mich traurig (oder entmutigt oder vielleicht auch wütend).

Beim reflektierenden Zuhören geht es darum, eine Vermutung zu formulieren (was manchmal »*komplexe* Reflexion« genannt wird), die auf dem basiert, was Sie sehen, hören und bisher wissen. Es spielt keine

Rolle, ob Ihre anfängliche Vermutung sich als richtig oder falsch erweist. Sie werden durch Ihre Äußerung mit ziemlicher Sicherheit mehr herausfinden.

S: Ich hatte heute einen ziemlich unangenehmen Tag.

Z: Sie sehen müde aus.

S: Das bin ich auch. Heute ist nichts so gelaufen, wie es sollte.

Z: Dann sind wohl einige Dinge schiefgegangen.

S: Na ja, hauptsächlich ging es um meinen Chef. Er fing mal wieder an, mich zu kritisieren; daraufhin habe ich ihm gesagt, er sei unfair, und danach lief die Situation völlig aus dem Ruder.

Z: Sie machen sich Sorgen wegen Ihres Jobs.

S: Eigentlich nicht. Ich glaube nicht, daß er mir kündigen wird. Aber ich bin es langsam leid, daß er ständig etwas an mir auszusetzen hat.

Z: Das hört sich an, als ob er Sie auf dem Kieker hätte.

S: Ach ja? Ich weiß nicht. In letzter Zeit ist er allen gegenüber ziemlich grantig.

Z: Und das finden Sie nicht richtig.

S: Ich freue mich überhaupt nicht mehr darauf, zur Arbeit zu gehen.

Z: Früher hat Ihre Arbeit Ihnen Freude gemacht, aber das ist jetzt nicht mehr so.

S: Was ich tue, macht mir immer noch Freude, und ich glaube, daß ich meine Arbeit ziemlich gut mache. Ich fühle mich nur nicht mehr geschätzt.

Jede Reaktion des Zuhörers ist ein Beispiel für eine Äußerung im Sinne reflektierenden Zuhörens. Jede bringt eine Vermutung darüber zum Ausdruck, was der Sprecher meinen könnte. Achten Sie darauf, wie das Gespräch weiter fließt. Auch hier ist das Resultat fast so, als handle es sich um einen einzigen zusammenhängenden Absatz, sogar wenn sich die Vermutung als unzutreffend erweist.

Eine gute Reflexion spinnt die Erzählung weiter. Statt nur wiederzukäuen, was vorher gesagt wurde, setzen Sie die Erzählung fort. Das ist einer der Gründe dafür, daß der Dialog wie bei einem guten Gespräch fließt; Sie helfen dem Sprecher, die Geschichte fortzusetzen, statt nur papageienhaft zu wiederholen, was er bereits gesagt hat, oder Kommunikationssperren einzubauen. Bei mehreren Reflexionen im obigen Beispiel ist die Vermutung des Zuhörers nicht völlig auf dem Punkt, aber sie werden schnell korrigiert, und die Erzählung nimmt sowieso ihren Lauf.

Es erfordert Übung, dem reflektierenden Zuhören einen angenehmen und natürlichen Charakter zu geben; aber es gibt gute Gründe, mit dem Üben fortzufahren. Reflektierendes Zuhören vermittelt Respekt, hilft, Mißverständnisse aus der Welt zu schaffen, und kann Beziehungen stärken. Erinnern Sie sich noch an das aus vier Quadraten bestehende Diagramm in Kapitel 3? Statt anzunehmen, daß seine Interpretation (Quadrat D) zutreffend ist, überprüft der Zuhörer sie durch Vergleich mit

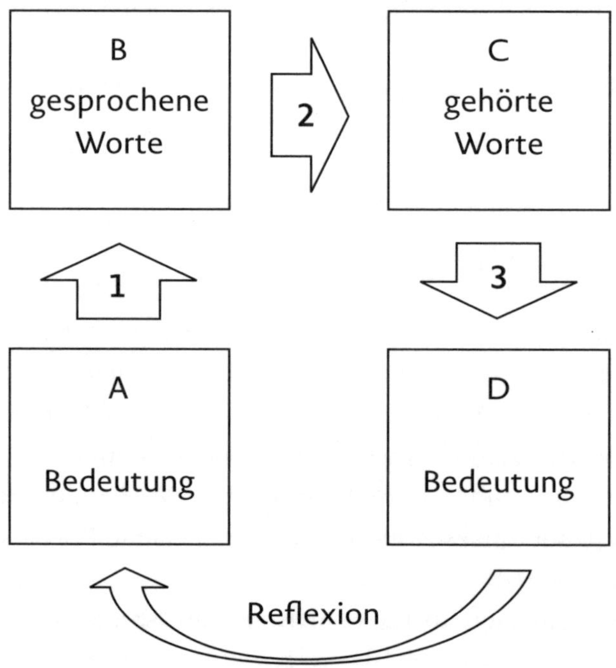

der Bedeutung, die der Sprecher seinen Äußerungen selbst zuschreibt (Quadrat A). So schließt reflektierendes Zuhören die Kommunikationsschleife, und der Zuhörer gelangt allmählich zu einem zutreffenderen Verständnis und versteht die Ansicht und das Erleben des Sprechers besser.

Akkurate Empathie erweitert auch Ihre eigene Perspektive, indem sie Sie am Erleben anderer Menschen teilhaben läßt. Dies ist ein Fundament für tieferes Verstehen und Vertrauen innerhalb der Familie und in Freundschaften. Dieses tiefe Zuhören ist wahrlich ein Geschenk, nach dem sich viele Menschen sehnen.

Akkurate Empathie und reflektierendes Zuhören

Dies ist eine gute Gelegenheit, den Unterschied zwischen reflektierendem Zuhören und akkurater Empathie zu beschreiben. *Reflektierendes Zuhören*, so wie es in diesem Buch dargestellt wird, ist eine erlernbare Fertigkeit, die Ihnen ermöglicht, Ihr Verständnis dessen, was ein anderer Mensch meint, zu verbessern. Es handelt sich dabei um etwas, das Sie *tun*. *Empathisches Verstehen* oder *akkurate Empathie* hingegen ist eher eine Art zu *sein*, die sich im Laufe der Zeit entwickelt und die die in Kapitel 4 beschriebene grundlegende Einstellung beinhaltet. Sie können akkurate Empathie gegenüber anderen Menschen entwickeln, indem Sie sich die Zeit nehmen, tief zuzuhören und die verschiedenen Schichten der Bedeutung und des Gefühls zu verstehen, die jene anderen ihnen zu offenbaren bereit sind. Akkurate Empathie bewegt sich sensibel über eine oberflächliche Beziehung hinaus in Richtung Verstehen und sogar hin zur Nähe. Empathisches Verstehen ist eine akzeptierende und mitfühlende Art des Zusammenseins mit anderen Menschen, die zur Offenheit anregt.[11] Reflektierendes Zuhören ist eine spezielle Praxis, die empathisches Verstehen fördert.

Man kann Reflexionen mit Fragen vermischen, und gewöhnlich geschieht das auch. Weil es oft als um soviel leichter erscheint, Fragen zu stellen, als empathisch zuzuhören, besteht das Problem nicht darin, daß wir zu viele Fragen stellen, sondern im Gegenteil darin, daß wir lernen müssen, uns stärker auf Reflexionen zu verlassen. Vergessen Sie nie, daß das Erheben der Stimme am Ende einer Aussage diese in eine Frage verwandelt. Versuchen Sie einmal, eine offene Frage (siehe Kapitel 7) zu formulieren und dieser dann mindestens zwei Reflexionen folgen zu lassen, während Sie sich anhören, was die andere Person antwortet.

Feinabstimmung: Wählen Sie Ihre Worte bewußt

Untertreiben und Übertreiben

Beim Formulieren einer Aussage im Sinne reflektierenden Zuhörens treffen Sie jeweils eine Entscheidung über die Art der Wörter, die Sie benutzen. Manche Wörter spiegeln die *Intensität* dessen, was der Sprecher sagt, und man kann dabei sowohl über- als auch untertreiben. Bestimmte Wörter implizieren eine geringere Intensität:

- Das erscheint mir *ein bißchen* unfair Ihnen gegenüber.
- Sie sind wohl *etwas* aufgebracht deswegen.
- Sie bezweifeln *wohl*, ob er Ihnen wirklich die Wahrheit sagt.
- Sie sind *ein wenig* nervös wegen dem, was geschehen wird.

Andere Wörter, die in Reflexionen benutzt werden können, wirken verstärkend:

- Sie sind sich da *sehr* sicher.
- In letzter Zeit hat es in Ihrem Leben *eine Menge* Chaos gegeben.
- Sie sind *wirklich* mißtrauisch.
- Das wird *definitiv* nicht funktionieren.

Die Intensität in einer Reflexion hat auch etwas mit den verwendeten Substantiven, Verben oder Adjektiven zu tun. Schauen wir uns als Beispiel einmal mit Wut zusammenhängende Wörter an. Es gibt Wörter für schwächere Formen von Wut wie *gereizt* oder *verärgert*; für mittelstarke Wut steht das Wort *wütend*; und bei gewaltiger Wut spricht man von *zornig, rasend, fuchsteufelswild, in Rage*. Wie Sie sich wohl vorstellen können, spielt Ihre Wortwahl eine Rolle. Übertreiben Sie ein Gefühl, zieht sich der Sprecher wahrscheinlich eher von diesem zurück.

S: Ich kann einfach nicht glauben, wie unfair mein Chef ist.
Z: Sie sind deswegen ziemlich *in Rage*.
S: Na ja, nicht in Rage. Eigentlich bin ich gar nicht so wütend.

Untertreibungen hingegen ermutigen Menschen eher dazu, weiter über ihre Situation zu berichten.

S: Ich kann einfach nicht glauben, wie unfair mein Chef ist.
Z: Sie sind darüber ein wenig *verärgert*.
S: Verärgert? Ich bin ziemlich wütend! Das geht jetzt einfach schon zu lange so.

Generell sollten Sie, wenn Sie jemanden dazu bringen wollen, weiter über seine Situation zu berichten, eher *unter*treibende Formulierungen benutzen.

Vergleiche

Eine weitere kunstvolle Möglichkeit, Verstehen auszudrücken, besteht im Anführen einer Analogie, die den Sprecher mit etwas *vergleicht*. Eine solche Sprachfigur, ein *Simile*, enthält Wörter wie »so wie« oder »als wenn«, um die Verbindung, die Sie herstellen, oder den Vergleich zu markieren:

Sie fühlen sich, als würden Ihnen die Wände immer näher rücken.

Es ist, als würden Sie plötzlich das Licht sehen.

Besonders wirksam können Analogien sein, die sich auf das beziehen, was die andere Person erlebt. Jemand, der von einem Bauernhof stammt, versteht wahrscheinlich, was es bedeutet, »wie eine Wetterfahne herumgewirbelt zu werden«, wohingegen dieser Vergleich bei einem Stadtbewohner, der noch nie eine Wetterfahne gesehen hat, keine Reaktion hervorrufen würde.

S: Ich fühle mich verwirrt. Wenn ich mit meinen Eltern zusammen bin, bin ich eine bestimmte Art von Mensch. Und wenn ich mit meinen Freunden zusammen bin, lasse ich mich auf alles ein, was sie wollen, was immer es sein mag. Ich möchte, daß andere Menschen mich mögen und mich akzeptieren, aber ich weiß im Grunde nicht, wer ich bin.

Z: Sie ähneln ein wenig einer Wetterfahne, die sich immer in die Richtung des Windes dreht.

Ich habe einmal einen Musiker aus einem Symphonieorchester zugehört, der darüber sprach, daß er sich einsam und leer fühle. Ich sagte: »Es ist wie der Klang einer Flöte in einem leeren Konzertsaal.« Er antwortete: »Ja, genau!«, und brach in Tränen aus.

Die Musik

Und schließlich ist nicht nur wichtig, *was* Sie sagen, sondern auch, *wie* Sie es sagen. Das ist die Musik der Rede, die den gleichen Worten sehr unterschiedliche Bedeutungen geben kann. So wie es in Kapitel 8 erklärt wurde, entscheidet die Intonation darüber, ob eine Aussage oder eine Frage entsteht:

Sie sind wütend auf Ihre Mutter. (sanft)

Sie sind wütend auf Ihre Mutter? (ungläubig)

Zur Musik zählt auch, welches Wort in einem Satz jeweils betont wird:

Sie fürchten sich vor ihm.

Sie *fürchten* sich vor ihm.

Sie fürchten sich vor *ihm*?

Sarkasmus, Skepsis und Mißtrauen können sich sehr leicht in die »Musik« einschleichen, und Menschen hören solche Untertöne in der Regel sehr gut heraus, auch wenn das nur auf der Ebene des Unbewußten geschieht. Können Sie die folgenden Worte auf unterschiedliche Arten aussprechen:

»Es ist also nicht Ihre Schuld. Sie hatten wirklich nichts damit zu tun.«

Versuchen Sie, durch die Art, wie Sie dies aussprechen, (1) Sympathie, (2) Mißtrauen, (3) Sarkasmus und (4) Ekel auszudrücken. Probieren Sie es einmal aus!

Dies sind Feinheiten – Intensität, Analogie, Stimmklang –, und wenn Sie versuchen, diese alle gleichzeitig zu berücksichtigen, kann Sie das vom eigentlichen Ziel, gut zuzuhören, ablenken. Auf dem richtigen Weg halten wird Sie die Verfassung Ihres Geistes und Herzens, die Ihrem Zuhören zugrunde liegt (siehe Kapitel 4). Wenn Ihnen klar ist, daß Sie eine Vermutung formulieren, hat Ihre Äußerung im Sinne reflektierenden Zuhörens in jedem Fall einen zögerlichen Charakter, der sich stark von dem Klang unterscheidet, den Sie bevorzugen, wenn Sie darauf beharren, daß Ihre Deutung in jedem Fall zutrifft. Wenn Sie mit Neugier, Mitgefühl, Geduld und einem aufrichtigen Wunsch zu verstehen zuhören, werden Sie mit ziemlicher Sicherheit nicht weit vom Weg abkommen.

Probier's aus!

Ein guter nächster Schritt ist, sich ein wenig darin zu üben, auf Reflexionen zu vertrauen und sich auf sie zu verlassen. Das ähnelt ein wenig dem Üben von Tonleitern beim Erlernen eines Musikinstruments.

Stetiges Üben automatisiert die Anwendung einer Fertigkeit allmählich. Arbeiten Sie mit einem Partner, der bereit ist, fünf bis zehn Minuten lang mit Ihnen über ein für ihn persönlich wichtiges Thema zu sprechen. Außerdem sollte der Betreffende Geduld aufbringen können, während Sie in seiner Gegenwart reflektierendes Zuhören üben. Es folgen Beispiele für Themen, über die ein Sprecher sich äußern könnte:

- Beschreiben Sie Ihre beiden Eltern und Ihre Beziehung zu ihnen in Ihrer Kindheit und Jugend.
- Erklären Sie, wie Sie angefangen haben, sich für Ihre jetzige Arbeit zu interessieren.
- Sprechen Sie über eine Person, die einen besonders großen Einfluß auf Ihr Leben hatte. Wie war diese Person, und welche positiven Wirkungen hatte sie auf Sie?

Pausieren Sie als Sprecher oft, um dem Zuhörer die Möglichkeit zu geben, sich im Reflektieren zu üben. Manchmal braucht er eine Weile, bis er eine gute Reflexion entwickelt hat; reden Sie als Sprecher also nicht einfach immer weiter. Seien Sie geduldig, und lassen Sie ein wenig Stille zu, um dem Zuhörer Zeit und Raum zum Reflektieren zu geben.

Für den Zuhörer kann es verführerisch sein, Fragen zu stellen. Versuchen Sie statt dessen, Äußerungen im Sinne reflektierenden Zuhörens anzubieten. Sie können auch gelegentlich eine offene Frage stellen; aber achten Sie darauf, daß jeder Ihrer Fragen mindestens zwei Reflexionen folgen. Falls Sie die Übung zu Dritt ausführen, kann eine Person als Beobachter fungieren und in dieser Rolle Fragen und Reflexionen zählen. Scheint die Geschichte abgeschlossen zu sein, und Sie haben ein Verständnis dessen entwickelt, was der Sprecher erlebt hat, können Sie die Rollen tauschen. Es folgt ein Beispiel für einen möglichen Beginn eines solchen Gesprächs.

Z: Worüber möchten Sie denn reden?

S: Ich glaube, ich werde Ihnen von jemandem erzählen, der mich sehr stark beeinflußt hat. Sein Name war Georg.

Z: Dieser Mensch war sehr wichtig für Sie. *(Eine Reflexion; der Z. hat der Versuchung wiederstanden, eine Frage zu stellen.)*

S: Das ist er immer noch. Er war ein Lehrer, der wirklich an mich geglaubt hat.

Z: Er hat etwas in Ihnen gesehen. *(Reflexion)*

S: Genau! Er hat mich mit Respekt behandelt, und er hatte einen ansteckenden Humor.

Z: Woran haben Sie gemerkt, daß er Sie respektierte? *(Offene Frage)*

S: Ich glaube, es war die Art, wie er mit mir sprach. Er hat mich nie herabgewürdigt, und ihn hat interessiert, was ich über Dinge dachte.

Z: Eher wie ein Freund also. *(Reflexion)*

S: Er war freundlich, keine Frage, aber nicht wie ein Freund. Ich wußte, daß er mir eine Menge beibringen würde.

Z: Sie haben ihn auch respektiert. *(Reflexion)*

S: Ganz bestimmt. Er hat sich auch außerhalb des Unterrichts viel Zeit genommen, um mit mir zu reden, und ich glaube, daß ich in diesen Gesprächen in seinem Büro ebensoviel gelernt habe wie in der Klasse. Vielleicht sogar noch mehr.

Z: Er hielt es für der Mühe wert, mit Ihnen zu reden. *(Reflexion)*

S: So habe ich es empfunden. Er hätte sich nicht für mich interessieren müssen, aber er hat es getan. Er nahm sich die Zeit dazu, und er wollte auch nicht, daß ich einfach nur auswendig lernte, was er im Unterricht sagte, und es dann wiederholte. Er wollte, daß ich darüber nachdachte, und es interessierte ihn, was ich darüber dachte.

Z: Wie hat sich das auf Sie ausgewirkt? *(Offene Frage; der Z. hätte aber auch eine Vermutung in Form einer Reflexion formulieren können.)*

S: Ich glaube, er hat mir geholfen, mich kompetent zu fühlen, wie jemand, der einen Beitrag leisten kann, statt nur ein Gefäß zu sein.

Dies ist nur ein Anfang, aber es zeigt, wie offene Fragen und Reflexionen dazu beitragen können, einen Gesprächsfluß zu erzeugen. In allen Fällen, in denen der Zuhörer eine Frage formulierte, hätte er statt dessen auch eine Reflexion einfügen können; und natürlich hätte er anstatt seiner Reflexionen auch Fragen formulieren können. Üben Sie sich darin, Aussagen im Sinne reflektierenden Zuhörens anzubieten, auch wenn es Ihnen leichter fällt, Fragen zu stellen.

10

Bestätigen

Halte dich an das, was gut ist,
und sei es eine Handvoll Erde.
— Segensspruch der Pueblos

Dieses Kapitel beschreibt eine weitere für Aufbau und Stärkung von Beziehungen nützliche Übung. Dabei geht es um die Gewohnheit, das zu sehen und zu bestätigen, was man bei anderen als gut erkennt.

Um bestätigen zu können, was gut ist, muß man das Gute zunächst einmal *bemerken*. Negativität übt auf uns alle eine merkwürdige Anziehungskraft aus. Wenn ich nach einem Kurs oder Workshop hundert Beurteilungen meiner Arbeit durch die Teilnehmer erhalte, sind die meisten Aussagen in der Regel positiv; es gibt aber immer auch einige Teilnehmer, die als weniger nützlich empfinden, was sie erlebt haben, auf Mängel hinweisen und Verbesserungsvorschläge formulieren. Ich neige immer noch dazu, über die vielen positiven Kommentare schnell hinwegzugehen und mich intensiver mit den negativen Kritiken zu beschäftigen. Beim Coaching gibt es eine ähnliche Neigung, sich auf das zu fixieren, was die Lernenden falsch gemacht haben und folglich besser machen müssen, wohingegen das, was sie gut gemacht haben, eher unbeachtet bleibt. Sogar die Abendnachrichten konzentrieren sich auf die dunklere Seite des Geschehens in der Welt und der menschlichen Natur.

Ein Mittel gegen diesen sogenannten *Negativitäts-Bias* besteht darin, sich anzugewöhnen, bewußt und gewissenhaft auf die guten Dinge zu achten und sie zu würdigen, um festzuhalten, wie Menschen etwas gut machen. Bestätigen kann beinhalten, daß wir die Stärken, Bemühungen, Schritte in die richtige Richtung und besten Absichten anerkennen und erwähnen. Dabei braucht es nicht um etwas Großartiges zu gehen, und das Erwähnte sollte immer authentisch, nicht »fabriziert« oder übertrieben sein. Wie man dies auf eine angemessene Weise tun kann, hängt von der jeweiligen Kultur ab. Die meisten Menschen hungern eben deshalb nach Bestätigung, weil so viele von uns damit geizen, sie ihnen zu gewähren. Bestätigungen können auch beinhalten:

- einen Ausdruck guter Wünsche (»Ich hoffe, daß es an diesem Wochenende gut für dich läuft!«)
- Wertschätzung oder einen Ausdruck von Zuneigung (»Du bist ein guter Freund.«)
- Dankbarkeit (»Danke, daß du mir zugehört hast!«)

Zu bestätigen, was gut ist, ist eine Gewohnheit des Ausdrucks fürsorglicher Zuwendung – wir registrieren, erinnern und anerkennen so das Positive, das uns umgibt.

Bestätigung verringert außerdem Negativität und Defensivität. Eine chronisch kritische Haltung gegenüber anderen verdeckt oft ängstliche und schmerzhafte Selbstzweifel eines Menschen. Für eine generell defensive Haltung besteht weniger Grund, wenn andere Menschen beachten und würdigen, was wir gut machen. Stärken, Bemühungen, gute Absichten und Gemeinsamkeiten zu bestätigen kann auch dazu beitragen, Konflikte abzuwenden und aufzulösen (siehe hierzu Kapitel 15).

Probier's aus!

Jeder Tag bringt uns zahllose kleine Gelegenheiten, Menschen zu bestätigen, zu beachten und zu würdigen, was diese anderen tun. Menschen zu bestätigen ist so, als würden Sie immer wieder kleine Summen auf das Bankkonto Ihrer Beziehungen einzahlen. Generell bringen Bestätigungen Ihre auf andere gerichtete Aufmerksamkeit und Ihr Mitgefühl diesen Menschen gegenüber zum Ausdruck. Nehmen Sie sich vor, an einem bestimmten Tag besonders aufmerksam auf Gelegenheiten zu achten, die guten Eigenschaften, Bemühungen, Handlungen und Stärken anderer zu bestätigen, die Sie in anderen Situationen leicht übersehen würden. Tun Sie das gleich morgen. Erleben Sie Ihre authentische Wertschätzung für das Gute, das uns ständig umgibt, und bringen Sie diese zum Ausdruck. Sie könnten sich sogar privat Notizen darüber machen, in welcher Hinsicht Sie andere bestätigt haben. Auf das Gute zu achten, das andernfalls unbemerkt bliebe, erfordert eine spezielle Art zuzuhören.

Eine andere Möglichkeit zu bestärken, was gut ist, besteht darin, jemanden zu bestätigen, den Sie besonders bewundern oder der in Ihrem Leben eine wichtige Rolle gespielt hat. Tun Sie dies im Gespräch oder schriftlich. Dabei kann es sich um jemanden aus Ihrer Vergangenheit handeln, den Sie eine Weile nicht gesehen haben. Benennen Sie in einem solchen Gespräch oder Brief konkrete Beispiele für das, was Sie besonders schätzen.

11

Sich ausdrücken

Wenn Menschen sich nicht ausdrücken,
sterben sie Stück für Stück.
— Laurie Halse Anderson, Speak

Gutes Zuhören kann zu einseitig werden. Wenn Sie sich um reflektierendes Zuhören von hoher Qualität bemühen, sprechen andere Menschen gern mit Ihnen, hören aber selbst nicht unbedingt auch gut zu. Es kann sogar sein, daß Sie sich hinter gutem Zuhören verstecken und nicht besonders viel über sich selbst offenbaren, was andere nur zu gerne hinnehmen. In engen Beziehungen sollte jedoch ein echter kommunikativer Austausch stattfinden, so daß beide Partner verstehen und sich selbst verstanden fühlen können. Dies bedeutet nicht nur, daß man zuhört, sondern auch, daß man selbst etwas zum Ausdruck bringt und sich so zeigt, wie man ist. Im vorliegenden Kapitel werden drei einfache Ideen vorgestellt, die beim Bemühen um Selbstausdruck von Nutzen sein können.

»Ich«-Botschaften

Eine fundamentale Kommunikationsübung ist das Formulieren von »Ich-Botschaften«; es kann besonders nützlich sein, wenn es um den Ausdruck von Gefühlen geht. Es beinhaltet, die Verantwortung für die eigenen Reaktionen zu übernehmen, statt andere zu beschuldigen. Fühlt man sich beispielsweise wütend oder verletzt, ist man leicht versucht, eine Äußerung mit einem beschuldigenden »Du!« zu beginnen:

- Du denkst nur an dich!
- Du verletzt meine Gefühle!
- Dir ist egal, wie es mir geht!
- Du hörst mir doch gar nicht zu!
- Du bist ______________. (Setzen Sie ein negatives Adjektiv ein.)

Eine Ich-Botschaft hingegen beginnt mit dem Wort »Ich«.

- Ich möchte, daß du das auch aus meiner Sicht verstehst.
- Ich fühle mich ____________________. (Ergänzen Sie das Gefühl: verletzt, traurig, glücklich, entmutigt, einsam.)
- Ich mag es, wenn du ______________________.

Bedenken Sie, daß zwischen Gefühlen und Gedanken ein wichtiger Unterschied besteht, obwohl beide in einer Beziehung zueinander stehen. In den folgenden Äußerungen geht es in Wahrheit nicht um Gefühle.

- Ich habe das Gefühl, daß du unsensibel bist. (Dies ist eine kaum verhohlene »Du«-Aussage.)
- Ich habe das Gefühl, daß es für uns wichtig ist, solche Entscheidungen gemeinsam zu treffen.

Sie können sich an folgender einfacher Faustregel orientieren: Wenn sich das Wort »daß« nach dem Wort »fühle« oder der Phrase »habe das Gefühl« logisch korrekt einfügen läßt, handelt es sich nicht um ein Gefühl. Mit größerer Wahrscheinlichkeit ist es dann ein Gedanke, eine Meinung oder eine Überzeugung (allerdings kann auch damit ein unausgesprochenes Gefühl verbunden sein). Manchmal benutzen Menschen das Wort »fühlen« oder die Phrase »habe das Gefühl«, um eine stärkere Überzeugung zu markieren. »Ich habe das Gefühl, daß unsere Gruppe dies unterstützen sollte« kann bedeuten: »Ich glaube, daß unsere Gruppe dies unterstützen sollte, und du solltest es auch glauben«; vielleicht sogar: »Du liegst falsch, wenn du dich nicht meiner Meinung anschließt.« Selbst wenn das Wort »daß« nicht ausgesprochen wird, es aber logisch dem Wort »Gefühl« oder die Phrase »habe das Gefühl« folgen könnte, ist es kein Gefühl. In der Äußerung

- Ich habe das Gefühl, (daß) es ist richtig, dies zu tun«

ist das unausgesprochene Wort »daß« der Hinweis darauf, daß es sich um einen Gedanken oder eine Überzeugung handelt. Hingegen ist es in einer Aussage über ein Gefühl wie »Ich fühle mich traurig« nicht sinnvoll, das Wort »daß« einzufügen:

- Ich fühle [daß] mich traurig.«

Hören Sie den Unterschied? Sowohl Gedanken als auch Gefühle kann man gut als Ich-Aussagen ausdrücken, und beide sind wichtig. Man sollte sie aber nicht miteinander vermischen – einen Gedanken oder eine Überzeugung nicht als Gefühl maskieren.

Auch dies ist eine Idee von Thomas Gordon, der außerdem erklärte, wie man Ich-Aussagen einsetzen kann, um einen Gesprächspartner um eine Änderung zu bitten. Eine entsprechende Äußerung besteht aus drei Teilen: (1) Ihrem Gefühl, (2) dem Grund für das Gefühl oder seinem Kontext und (3) einer konkreten Bitte. Beispielsweise:

- Ich fühle mich einsam (1), wenn es so aussieht, als ob du mir nicht zuhörst (2). Würdest du bitte sicherstellen, daß du verstehst, was ich fühle, bevor du antwortest (3)?

- Ich mache mir Sorgen (1), wenn du dein Spielzeug auf der Treppe herumliegen läßt, weil jemand darüber stolpern und hinfallen und sich so verletzen kann (2). Ich möchte, daß du jetzt deine Spielsachen wegräumst und in Zukunft nie mehr Spielzeug auf der Treppe liegen läßt (3). Okay?

- Ich fühle mich frustriert (1), wenn ich nur möchte, daß du mich anhörst, und du dann anfängst, mir Lösungen vorzuschlagen (2). Manchmal will ich nur, daß du mir zuhörst und mich verstehst (3).

Teilweises Übernehmen der Verantwortung und Hilfsangebot

In Beziehungen kann es auch nützlich sein zu kommunizieren, daß man bereit ist, einen Teil der Verantwortung für etwas zu übernehmen, sofern das angemessen ist, und anzubieten, seinen Teil zu etwas beizutragen. Was könnte Ihr eigener Anteil an etwas, das geschehen ist, sein?

- Ich empfinde Angst, wenn es an der Zeit ist aufzubrechen und du dazu nicht bereit zu sein scheinst. Ich weiß, daß ich manchmal zu besorgt bin, wenn es darum geht, rechtzeitig irgendwo hinzukommen, und ich kann mich manchmal nicht klar entscheiden. *(Teilweises Übernehmen von Verantwortung)* Wie könnte es mir besser gelingen, dich wissen zu lassen, wann ich gern gehen möchte? *(Hilfsangebot)*

- Ich mag es nicht, daß du mir, wenn es an der Zeit ist aufzubrechen, damit auf die Nerven gehst, daß ich mich bereit machen soll. Ich weiß selbst, daß ich nicht so genau auf die Zeit achte wie du und daß wir uns manchmal verspäten. *(Teilweises Übernehmen von Verantwortung)* Wenn du mir ungefähr eine Stunde vorher mitteilst, wann du aufbrechen willst *(konkrete Bitte um eine Veränderung)*, werde ich versuchen, rechtzeitig fertig zu sein *(Hilfsangebot)*.

Assertivität

In den meisten Beziehungen findet ein Prozeß des Abstimmens von Bedürfnissen statt. Ganz gleich, ob es sich bei den an einer Beziehung Beteiligten um Einzelne, Gruppen oder gar Nationen handelt, sie entscheiden, wie sie ihre Bedürfnisse erfüllt sehen wollen. Im einen Extremfall versuchen Sie, die eigenen Bedürfnisse durch aggressives Vorgehen auf Kosten der Bedürfnisse anderer zu erfüllen, womit sie implizit vertreten: »Meine Bedürfnisse sind wichtiger als deine.« Wörter, die mit dieser Herangehensweise zusammenhängen, sind »nötigen«, »(er)zwingen«, »tyrannisieren«, »dominieren« und »einschüchtern«.

Der andere Extremfall ist ein eher passives Vorgehen, das auf die Bedürfnisse und Wünsche der anderen Seite eingeht und die eigenen vernachlässigt. Damit verbundene Wörter sind »fügsam«, »unterwürfig«, »ergeben« »untertänig« und »gehorsam«. Natürlich können Menschen sich für eine solche Haltung der Selbstaufopferung entscheiden, wenn sie das wollen, und in manchen Situationen ist das sogar bewundernswert, aber mit der Zeit führt dies dazu, daß nur die Bedürfnisse eines an der Beziehung Beteiligten erfüllt werden.

Zwischen den beiden beschriebenen Extremen liegt das selbstsichere Auftreten, das ein ausgewogenes Verhältnis zwischen Respekt und Besorgnis sowohl den fremden als auch den eigenen Bedürfnissen gegenüber kommuniziert.[12] Dies ist die Kunst des Kompromisses und des Verhandelns. Selbstsichere Menschen beharren nicht grundsätzlich auf ihren Vorstellungen, sie nehmen aber auch nicht immer Abstand von dem, was ihrem eigenen Wohl am förderlichsten ist. Sie weigern sich, selbst zu dominieren, und lassen sich auch nicht von anderen dominieren. Es folgen einige Beispiele für (1) aggressive, (2) passive und (3) assertive Möglichkeiten.

- *Die Situation:* Alex wird zu einem geselligen Treffen eingeladen, einem Anlaß, bei dem die Getränke frei sind. Er würde sich gern ein paar Drinks genehmigen, bevor er nach Hause geht. Seine Frau will nicht mit zu der Veranstaltung, und sie möchte nicht, daß er Auto fährt, nachdem er Alkohol getrunken hat. Was tun?

  1. Alex genehmigt sich mehrere Drinks und fährt dann nach Hause; damit ignoriert er, daß er sich selbst und andere in Gefahr bringt, wenn er unter Alkoholeinfluß Auto fährt.
  2. Alex verzichtet auf die Gratisgetränke und fährt nüchtern nach Hause.
  3. Alex gönnt sich einen Drink und wartet danach eine Stunde, bevor er nach Hause fährt, damit sein Alkoholspiegel wieder nahe Null ist.

- Alex und Avery besuchen zusammen eine Party. Avery ist eher introvertiert, verliert deshalb an solchen Treffen schnell das Interesse und will meist nicht lange bleiben. Alex hingegen genießt solche Feiern und möchte am liebsten bis zum Ende der Party bleiben.

  1. Avery will nach Hause, aber Alex gibt ihr die Autoschlüssel nicht und besteht darauf, daß sie beide bleiben.
  2. Alex erklärt sich mißmutig bereit, mit Avery früh nach Hause zu fahren.
  3. Alex und Avery fahren mit zwei Autos zu der Party oder organisieren anders, daß sie unabhängig voneinander nach Hause aufbrechen können.

Eine der Grundannahmen, auf denen Assertivität basiert, lautet: »Deine Bedürfnisse und Wünsche zählen ebenso wie meine.« Ich zähle, und du zählst. Anders als ein Kampf darum, wer gewinnt und wer verliert, sucht ein assertiver Ansatz nach einer Möglichkeit, beide gewinnen zu lassen – die Interessen beider Seiten zu würdigen und zu erfüllen. Assertivität (nicht Passivität) ist außerdem die Essenz gewaltlosen Widerstands.[13]

Probier's aus!

Denken Sie an eine Situation, in der Sie sich wegen einer anderen Person unglücklich oder frustriert fühlten. Beschuldigungen zu formulieren, die mit »Du« beginnen, ist leicht. Wie könnten Sie statt dessen eine »Ich«-Aussage formulieren? »Ich fühle mich ____________________ *(das Gefühl)*, wenn du ____________________ *(konkretes Verhalten)*.« Vergessen Sie nicht, daß das Wort »daß« nicht dem Wort »fühle« oder der Phrase »habe das Gefühl« folgen sollte. Wenn eine Äußerung über das teilweise Übernehmen von Verantwortung angemessen wäre, wie könnte sie dann lauten? Könnten Sie auch eine konkrete, nicht-beschuldigende Bitte um Veränderung einbeziehen?

Oder denken Sie an eine Situation aus dem realen Leben, in der Ihre eigenen Bedürfnisse auf die Bedürfnisse und Präferenzen eines anderen Menschen stoßen und mit diesen manchmal in Konflikt geraten. In solchen Fällen passiert es leicht, daß die eine Seite gewinnt und die andere verliert, wobei in der Regel letztlich die Beziehung verliert. Welches Resultat wäre denkbar, bei dem beide Seiten »gewinnen«, weil beide zumindest einen Teil von dem bekommen, was sie sich wünschen?

12

In Beziehungen gut zuhören

Doch gebt in eurer Gemeinsamkeit euch Raum. Und laßt des Himmels Winde zwischen euch tanzen. Liebet einander, aber macht die Liebe nicht zur Fessel: Laßt sie besser ein bewegtes Meer zwischen den Gestaden eurer Seelen sein. Füllt einander den Becher, aber trinkt nicht aus einem Becher.

— Kahlil Gibran, Der Prophet (»Ehe«)

Unser Leben wird genährt durch Beziehungen, die auf Kommunikation basieren. Ganz gleich, ob es sich um Einzelne oder Gruppen handelt, in Beziehungen gibt es zwangsläufig Differenzen. Die Partner unterscheiden sich in ihren Annahmen, Eigenarten und Präferenzen, und sie bringen unterschiedliche Stärken und Fähigkeiten mit. Zumindest in engen Beziehungen machen Unterschiede oft die Chemie der Anziehung aus, wobei jeder Beteiligte etwas anbietet, wonach sich der andere sehnt oder was ihm fehlt. Doch oft erliegen Partner der Versuchung, die andere Person nach ihrem eigenen Bilde zu formen, und gelänge dieses Vorhaben, würde es den ursprünglichen Grund für die Attraktion zerstören! Ähnlich verhält es sich mit dem Reisen, dessen Reiz teilweise darin liegt, Unterschiede der Geographie und Architektur sowie der Lebens- und

Denkweise der Bewohner anderer Länder kennenzulernen. Würde der besuchte Ort so »reformiert«, daß er dem eigenen vertrauten Kontext entspräche, wäre der Charme der Fremde verloren.

Unterschiede verstehen und würdigen

Jeder Einzelne und jede Gruppe bringt bestimmte Annahmen in eine Beziehung mit. Diese können unausgesprochen bleiben, sie können aber auch so formell wie ein schriftlicher Vertrag oder eine Missionsbeschreibung dargelegt werden. Warum sind wir zusammen? Was ist Sinn und Zweck unserer Beziehung? Welche Hoffnungen hegen wir gemeinsam und als Einzelne?

In Kapitel 4 wurden einige Einstellungen des Geistes und Herzens beschrieben, die empathischem Verstehen zugrunde liegen. Die gleichen Elemente bilden eine solide Grundlage für eine um Mutualität bemühte Beziehung: die Bereitschaft, die Welt mit den Augen des anderen zu sehen; sich von der Ichzentriertheit zu lösen; respektvoll anzunehmen, was der andere zu geben bereit ist; und ihm Wohlergehen zu wünschen. Natürlich basieren nicht alle Beziehungen auf Mutualität. Für einige sind Mißhandlung und Ausbeutung kennzeichnend. Manche sind einfach deshalb entstanden, weil Menschen mit ähnlichen Lebensumständen oder Konflikten zusammengeführt wurden. Ich beschäftige mich hier mit Beziehungen, die auf Einvernehmen basieren, was bedeutet, daß beide Beteiligte der anderen Seite gegenüber Mitgefühl empfinden und bereit sind, sich für sie einzusetzen. Deshalb muß es sich nicht zwingend um besonders nahe Beziehungen handeln. Im Bereich des Marketings beispielsweise hat sich der Fokus verlagert vom Ziel des bloßen Verkaufs hin zu Kunden, die zufrieden sind und deshalb immer wieder kaufen, weil ihre Bedürfnisse gut erfüllt wurden. Mutualität kann zwischen Freunden und Arbeitskollegen ebenso entstehen wie zwischen Nationen und innerhalb von Organisationen und in Kirchengemeinden.

Eine *erste* Voraussetzung für die Entwicklung eines solchen Einvernehmens ist, daß die Beteiligten es als einen Wert ansehen, das Erleben und die Sichtweise der anderen Seite verstehen zu können. Dies erfordert die Bereitschaft, den eigenen beschränkten Bezugsrahmen zu verlassen. Die Sicht anderer zu verstehen ist in persönlichen Beziehungen wichtig, und daß diese Fähigkeit auch in größeren sozialen Zusammenhängen von Bedeutung ist, wird von Bewegungen wie *Appreciative Inquiry*[14] und *Transformational Leadership*[15] anerkannt.

Eine *zweite* Voraussetzung für Mutualität ist Respekt gegenüber Unterschieden und deren Wertschätzung. Carl Gustav Jung beschrieb »psychologische Typen«, womit bestimmte Unterschiede zwischen Menschen gemeint sind.[16] Die bekannteste unter Jungs Kategorien sind Introversion und Extraversion. Beides sind normale psychologische Typen mit unterschiedlichen Charakteristika. Vier Dimensionen dieser Art wurden im nach dem Zweiten Weltkrieg entwickelten Typen-Indikator von Myers-Briggs miteinander kombiniert.[17] Anders als viele andere psychologische Instrumente läßt dieses keine negativen Aussagen zu. Der Indikator basiert auf der Prämisse, daß alle Typen gleich wertvoll sind, wobei jeder Typus andere Stärken und Präferenzen hat, und daß das Verständnis dieser normalen Unterschiede (im Gegensatz zu Differenzen bezüglich der Frage, welcher Persönlichkeitstyp der richtige oder beste ist) in der Kommunikation und in Beziehungen ein Schlüssel ist.[18] Andere Systeme wie etwa das Enneagramm[19] beschreiben auf ähnliche Weise unterschiedliche und komplementäre psychologische Typen.

Ein *dritter* Aspekt der Mutualität ist die Arbeit auf ein gemeinsames Ziel hin. Eine auf Mutualität basierende Beziehung ist nicht einseitig, sondern reziprok, was bedeutet, daß die Bedürfnisse beider Partner berücksichtigt werden. Gut zuzuhören ist für alle drei Aspekte der Mutualität wichtig: für das Verständnis der Sicht des anderen, für die Würdigung der individuellen Unterschiede und für die Zusammenarbeit.

Wie unterscheidet sich reflektierendes Zuhören von einem Gespräch?

In einem Gespräch oder einer Diskussion legen die Teilnehmer abwechselnd ihre Sicht dar. Reflektierendes Zuhören *in Reinform* tut dies nicht. Sein Zweck ist einzig und allein zu verstehen, was die andere Person denkt und erlebt. Wenn Sie die Fertigkeit empathischen Zuhörens erlernen, werden Sie an viele Dinge denken, die Sie normalerweise im Einklang mit Ihrer *eigenen* Sicht sagen oder fragen würden; in diesem Zusammenhang geht es jedoch darum, Denken und Erleben der *anderen* Person zu erfassen und zu spiegeln. Auf diese Weise finden Sie mehr heraus, als wenn Sie Fragen gestellt oder Ihre eigene Sicht dargelegt hätten, und oft kommen Sie auf diese Weise auch noch schneller zum gewünschten Ergebnis.

Sobald Sie die Fähigkeit zum reflektierenden Zuhören entwickelt haben und sich damit wohlfühlen, kann diese für Sie zum festen Bestandteil normaler Gespräche werden. Sie können dann im alltäglichen Austausch zwischen reflektierendem Zuhören und Selbstausdruck hin und her wechseln. Im Idealfall hört Ihnen auch Ihr Gesprächspartner gut zu, und Sie wechseln beide zwischen Selbstausdruck und Zuhören.

Doch um diese spezielle Art des Zuhörens zu erlernen und sich dabei wohlzufühlen, sollten Sie sich zunächst auf die Benutzung von Reflexionen beschränken oder auf Fragen zumindest sehr sparsam zurückgreifen. Die »Probier's aus!«-Übung am Ende dieses Kapitels ist nur eine der vielen Gelegenheiten, dies zu üben; das Leben bietet Ihnen zahlreiche derartige Möglichkeiten, auch wenn der anderen Person nicht klar ist, was Sie da tun. Das kann nur eine oder zwei Minuten in Anspruch nehmen, kann aber auch länger dauern. Sie brauchen nicht zu erklären, was Sie tun; es ist sogar eher besser, es nicht zu erklären, weil Sie sich sonst eventuell befangen fühlen. Jedesmal wenn Sie eine Reflexion anbieten, ist das eine Chance herauszufinden, wie zutreffend Ihre Reflexion war, und mehr über die andere Person in Erfahrung zu bringen. Auf diese Weise werden Sie nach und nach immer besser im Entwickeln von Reflexionen.

Widerstehen Sie der Versuchung, viele Fragen zu stellen. In den meisten Fällen kann man eine Frage in eine Reflexion verwandeln. Wie bereits früher empfohlen, sollten Sie, nachdem Sie eine Frage gestellt haben und die andere Person diese beantwortet hat, jeweils mindestens zwei Reflexionen folgen lassen. Widerstehen Sie auch der Versuchung, andere Kommunikationssperren zu benutzen (siehe Kapitel 5). Stellen Sie fest, wie es sich auswirkt, wenn Sie sich ausschließlich auf das reflektierende Zuhören verlassen. So werden die Menschen, mit denen Sie sprechen, ohne es zu wissen, zu Ihren Lehrern.

Probier's aus!

Im folgenden wird beschrieben, wie zwei Personen sich darin üben können, gut zuzuhören. Beide erhalten Gelegenheit, etwa sieben bis zehn Minuten lang Sprecher zu sein. Als Sprecher sollen Sie über *etwas reden, womit Sie zwei widerstreitende Gefühle verbinden* und sich für keines von beiden eindeutig entscheiden können. Sie fühlen sich ambivalent, in zwei Richtungen gleichzeitig gezogen. Weil Ambivalenz der Natur des Menschen entspricht, dürfte es nicht schwer sein, ein entsprechendes Thema zu finden. Dabei kann es um fast alles gehen: um eine Wahl oder Entscheidung, einen Job, ein religiöses oder soziales Thema, einen Politiker, eine Beziehung, eine Bitte, eine Gefahr, den Ort, an dem Sie leben, womit Sie Ihre Zeit verbringen, darum, etwas größer erscheinen zu lassen, als es ist, etwas herunterzuspielen, oder auch um eine Spende oder einen erwogenen Kauf.

Als Zuhörer übernehmen Sie den schwierigeren Teil der Arbeit. Um das Thema festzulegen, müssen Sie zunächst herausfinden, in welcher Hinsicht der Sprecher ambivalente Gefühle hat; und wenn das geklärt ist, müssen Sie sich möglichst ausschließlich auf reflektierendes Zuhören verlassen. Im Laufe dieses Prozesses dürfen Sie *zwei Fragen* stellen, keinesfalls mehr. Noch einmal möchte ich darauf hinweisen, daß sich Fragen häufig in Reflexionen umwandeln lassen. Und stellen Sie Ihre zwei Fragen nicht unmittelbar nacheinander! Lassen Sie einer Frage stets Reflexionen folgen. Vermeiden Sie auch Suggestivfragen wie beispielsweise: »Aber sind Sie denn nicht auch der Meinung, daß ...?« Diese Übung ist sicher nicht leicht, aber eine gute Gelegenheit herauszufinden, inwieweit Sie sich auf das reflektierende Zuhören verlassen können, ohne Fragen stellen zu müssen. Und halten Sie sich aus der Ambivalenz des Sprechers heraus. Favorisieren Sie nicht die eine seiner Positionen gegenüber der anderen. Sie brauchen ihm auch nicht zu helfen, zu einer Schlußfolgerung oder Lösung zu kommen. Für Sie geht es ausschließlich darum, zuzuhören und die Ambivalenz ohne jedes Urteil zu verstehen.

Es folgt ein Beispiel für den Verlauf eines solchen Austauschs. Es geht darin um ein Thema, über das sowohl in den USA als auch in anderen Ländern heftig diskutiert wurde. Der Zuhörer konzentriert sich darauf, beide Seiten des Dilemmas, mit denen sich der Sprecher konfrontiert sieht, zu verstehen, ohne eine der beiden Positionen zu bevorzugen und ohne seine persönlichen Ansichten ins Spiel zu bringen. Außerdem veranschaulicht das Beispiel, wie sich reines reflektierendes Zuhören von einer Diskussion oder Debatte unterscheidet, in der beide Beteiligte ihre Ansichten zum Ausdruck bringen.

S: Ich glaube, Abtreibung ist ein Thema, bei dem ich nicht weiß, für welche von zwei Sichtweisen ich mich entscheiden soll. Am nächsten liegt mir die Auffassung, daß alles Leben heilig ist.

Z: Alles menschliche Leben.

S: Nicht nur Menschen. Ich mag auch Tierheime nicht, in denen heimatlose Hunde und Katzen getötet werden, und was man mit Versuchstieren anstellt. Ich bin zwar kein Vegetarier und insofern nicht völlig konsequent, aber ich finde, daß Leben irgendwie heilig ist.

Z: Und Sie haben gesagt, daß Ihnen diese Auffasssung *am nächsten* liegt.

S: Genau. Ich finde, daß wir nicht darüber entscheiden können, wer leben darf und wer sterben muß. Andererseits finde ich, wenn es um praktische Entscheidungen geht: Wer bin ich, für eine Frau entscheiden zu wollen? Wenn sie vergewaltigt worden ist, finde ich es nicht richtig, sie zu zwingen, das Baby zu bekommen. Ich weiß gar nicht, wie man das aushalten könnte.

Z: Sie respektieren also sowohl das Leben als auch die Entscheidungsfreiheit.

S: Verrückt, oder? Bei einer so wichtigen Sache zwischen zwei Stühlen zu sitzen! Wir sprechen hier über Leben, wenn ein Fötus ein richtiger Mensch ist.

Z: Wie sehen Sie das? *(Erste Frage; hätte auch als Reflexion formuliert werden können.)*

S: Na ja, es erscheint mir ziemlich willkürlich, irgendwo eine Linie zu ziehen und zu sagen, vor diesem Alter ist es kein Leben und danach ist es Leben.

Z: Es erscheint Ihnen nicht so schwarzweiß.

S: Nein, wirklich nicht. In einem gewissen Sinne ist im Augenblick der Empfängnis zumindest das Potential für Leben da.

Z: Sie könnten sogar gegen Empfängnisverhütung beispielsweise in Form der Pille danach sein.

S: Ich weiß es wirklich nicht! Noch einmal: Wer bin ich, daß ich für eine andere Frau eine Entscheidung treffen könnte! Und dann denke ich: »Wie kann diese Frau eine Entscheidung über ein anderes Leben treffen?« Mord ist in keinem Fall richtig. Ich finde auch die Todesstrafe barbarisch.

Z: Da wird es für Sie völlig verwirrend – wenn Verhütung oder Abtreibung mit Mord verglichen wird.

S: Verwirrend ist nicht das richtige Wort. Es ist eher so, daß ich *beide* Seiten der Sache sehe, und das bringt mich in Schwierigkeiten.

Z: Wann haben Sie das erlebt? *(Zweite Frage; auch sie hätte man als Reflexion formulieren können.)*

S: Nun, die meisten Menschen, die ich kenne, haben bezüglich dieses Themas eine ziemlich feste Meinung der einen oder anderen

Art, und ich diskutiere nicht gern darüber. Einer hat mir einmal gesagt, ich sei keine Christin, wenn ich nicht unter allen Umständen gegen Abtreibung wäre.

Z: Der Betreffende war sich da offenbar sehr sicher.

S: Ich hatte das Gefühl, er würde mir drohen: »Wenn du nicht glaubst, was ich glaube, wirst du in der Hölle enden.«

Z: Dann fragen Sie sich auch, was Sie davon halten sollen.

S: Nein, eigentlich nicht. Er hat ein Recht auf seine Meinung, so wie ich ein Recht auf meine habe.

Z: Wenn Sie nur wüßten, welche Meinung Sie haben.

S: Genau!

Abgesehen von den beiden Fragen waren alle Reaktionen des Zuhörers Reflexionen, die in der Regel direkt an die vorangegangene Äußerung des Sprechers anschlossen. Auch ohne daß Sie direkt an diesem Austausch beteiligt waren, haben Sie möglicherweise an bestimmten Punkten im Laufe des Gesprächs eine starke Neigung verspürt, Ihre eigenen Überzeugungen auszudrücken, und im Rahmen einer Diskussion oder Debatte, in der die Ansichten beider Beteiligter zum Ausdruck kommen sollten, hätten Sie das auch tun können. Die Herausforderung besteht in diesem Fall insbesondere angesichts eines so kontroversen Themas darin, die eigenen Ansichten zurückzustellen und sich darauf zu konzentrieren, dem anderen zuzuhören, um sein Dilemma zu verstehen. Außerdem ist es eine gute Übung, beim empathischen Zuhören zu bleiben.

Probieren Sie es jetzt selbst aus!

13

Empathisches Verstehen in engen Beziehungen

Die meisten Menschen sehen das Problem der Liebe in erster Linie als das Problem, selbst geliebt zu werden, statt zu lieben *und lieben zu können. ... Liebe ist in erster Linie ein Geben und nicht ein Empfangen. ...* Liebe ist die tätige Sorge für das Leben und das Wachstum dessen, was wir lieben.

— Erich Fromm, Die Kunst des Liebens

Gut zuzuhören und ganz generell gut zu kommunizieren ist eine der wichtigsten Grundlagen dauerhafter Freundschaften und intimer Beziehungen. Empathisches Zuhören signalisiert Interesse an dem, was die andere Person erlebt, und fürsorgliche Anteilnahme an ihrem Leben. Die in den vorangegangenen Kapiteln beschriebenen Fertigkeiten spielen erst recht in engen Beziehungen eine wichtige Rolle. Ob sich beide Partner darüber im klaren sind, daß sie diese Fertigkeiten anwenden, ist unwichtig. Es ist ein Ausdruck von Güte, dies zu tun, und im Idealfall tun beide es für den Partner, für sich selbst und für die gemeinsame Beziehung. Im besten Fall verstehen die an einer Beziehung Beteiligten, was die Qualität des Zuhörens beinhaltet, erlernen diese und üben sich gemeinsam darin. Mit der Zeit wird diese Art zuzuhören oft zur zweiten Natur, und wir sind uns nicht einmal darüber im klaren, daß wir »etwas tun«. Vielmehr wird daraus eine Art des Zusammenseins.

Gutes Zuhören ist eine Investition in die Qualität einer Beziehung. Denken Sie einmal darüber nach, wie empathisches Zuhören einer gesunden Beziehung zwischen zusammenlebenden Menschen zugute kommen kann. Wie alles, was zu tun der Mühe wert ist, kostet auch gutes Zuhören Zeit. Einige Menschen nehmen sich ganz bewußt Zeit, um einander gut zuzuhören, etwa indem sie dafür einen Termin festlegen. Einige Familien führen beim Abendessen Gespräche und schalten in dieser Zeit Musik, Fernsehen, Telefon und andere elektronische Geräte aus. Für Menschen, die am Morgen besonders wach sind, ist das Frühstück für Gespräche der beste Zeitpunkt im Tagesverlauf, wohingegen das bei Abend- und Nachtmenschen nicht der Fall ist. Unabhängig davon wird es immer wichtiger, sich Zeit für gutes Zuhören zu nehmen, je lauter und geschäftiger es in unserem Leben wird.

Sich abwechselnd Redezeit zu geben ist eine simple Möglichkeit des Austauschs im Gespräch. Dabei spricht jeweils eine Person, wobei eventuell vorher die für jeden verfügbare Zeitspanne festgelegt wird. Deshalb muß die andere Person nicht unbedingt schweigen, obwohl auch das eine Möglichkeit ist. Wie bereits erläutert wurde, ist reflektierendes Zuhören ein interaktiver Prozeß, in dem man sich üben kann, während eine Person spricht. Dabei vermeidet der Zuhörer die Benutzung von Kommunikationssperren (siehe Kapitel 5) und bemüht sich primär zu verstehen, was der Sprecher erlebt hat. Dabei können Äußerungen im Sinne reflektierenden Zuhörens (Reflexionen) und gelegentliche Fragen helfen. Eine andere Möglichkeit ist, den Sprecher ohne jede Unterbrechung sprechen zu lassen und dem Zuhörer anschließend Gelegenheit zu geben, auf das zu antworten, was er bezüglich der Erlebnisse des Sprechers verstanden hat, wobei er ebenfalls vermeidet, Kommunikationssperren zu benutzen.

Es folgt ein Beispiel für die Bemühungen eines Zuhörers, akkurate Empathie zu üben, während ein Sprecher redet. Zuhörer und Sprecher sind in diesem Beispiel Brüder, die nach der Arbeit zusammensitzen.

Z: Wie war der Tag für dich? *(Offene Frage)*

S: So weit okay. Er hat sich so dahingezogen.

Z: Ein ziemlich gemächlicher Tag. *(Einfache Reflexion)*

S: Das nun auch wieder nicht. Es war einiges los, aber ich habe immer wieder auf die Uhr geschaut, und manchmal hatte ich das Gefühl, die Zeiger bewegen sich kaum von der Stelle.

Z: So wie wenn man darauf wartet, daß das Wasser endlich zu kochen anfängt. *(Analogie)*

S: Genau! Ich konnte es gar nicht erwarten, daß der Tag endlich vorüber war.

Z: Du wirkst begeistert – als hättest du dich auf etwas gefreut. *(Reflexion)*

S: Ich habe heute Abend eine Verabredung, übrigens mit jemandem, den ich noch gar nicht kenne.

Z: Das kann entweder sehr schön oder nervtötend sein. *(Reflexion)*

S: Ich weiß nichts über sie. Wir haben uns über das Internet kennengelernt; du weißt sicher, wie das ist.

Z: Menschen sagen nicht immer die Wahrheit – oder zumindest nicht die ganze Wahrheit. *(Eine Vermutung, eine Reflexion, die den Gedankenfluß weiterspinnt)*

S: Da hast du wohl Recht. Mir gefiel der Klang ihrer Stimme.

Z: Sie klang nach einem Menschen, der dich interessieren könnte. *(Reflexion)*

S: Ich denke schon. Ich werde es herausfinden.

Abgesehen von der Eröffnungsfrage und der ersten einfachen Reflexion handelt es sich bei allen Reaktionen des Zuhörers um komplexe Reflexionen, die Vermutungen bezüglich dessen, was der Bruder gemeint hat, beinhalten und das Gespräch im Gang halten. Wird das Reflektieren leichter, fließt es wie ein ruhiges Gespräch. Im vorliegenden Fall gab es immer wieder Möglichkeiten, Kommunikationssperren zu benutzen (beispielsweise in Form von Sticheleien, Ratschlägen, Warnungen oder Themenwechseln), aber der Zuhörer beschränkte sich auf das reflektierende Zuhören.

Es folgt ein weiteres Beispiel mit einem Paar, das schon in Kapitel 3 erwähnt wurde. Der Mann arbeitet in einem Bürogebäude, die Frau (die Sprecherin) ist meist zu Hause. Vielleicht erinnern Sie sich noch an die Situation: die Sprecherin hoffte, nach dem Abendessen angenehme Zeit mit ihrem Partner zu verbringen, merkt aber dann, daß dieser sich bereit macht, zu seiner Arbeit zurückzukehren. Beide hatten versäumt, einander ihre Pläne für den Abend mitzuteilen. Im vorliegenden Fall bittet die Sprecherin zunächst darum, angehört zu werden.

S: Es sieht so aus, als wolltest du zu deiner Arbeit zurückkehren. Wärest du bereit, dir vorher ein wenig Zeit zu nehmen, damit wir miteinander reden können? Ich möchte dir etwas sagen, und ich möchte, daß du mir einfach nur zuhörst.

Z: Oh, ähh! Das klingt nicht so gut.

S: Ich brauche nur ein paar Minuten, um dir zu sagen, wie ich mich fühle; dabei sollst du mir nur zuhören. Dann möchte ich von dir hören, wie du das, was ich gesagt habe, verstanden hast. Okay?

Z: Okay. Danach findet also eine Art Prüfung statt. *(Grinst)*

S: Bitte hör' einfach nur zu. Ich hatte gehofft, daß wir heute nach dem Abendessen Zeit hätten, um miteinander zu reden und uns vielleicht später zu lieben. Ich vermisse es, wie wir in der Vergangenheit spazieren gegangen sind und uns dabei unterhalten haben. *(Ich-Botschaft)* Mir ist klar geworden, daß ich dir nicht mitgeteilt habe, wie ich mich fühle, und ich es dir hätte sagen sollen, als du nach Hause kamst. *(Teilweises Übernehmen der Verantwortung)* Ich habe mich in letzter Zeit hier im Haus ziemlich einsam gefühlt und ich freue mich den ganzen Tag darauf, daß du heimkommst. Ich verbringe gerne Zeit mit dir, und mir ist das sehr wichtig. Es muß auch nicht unbedingt heute Abend sein, obwohl das schön wäre, aber wenn du wirklich noch arbeiten mußt, würdest du dich dann auf einen anderen Abend nur für uns einlassen? *(Konkrete Bitte)* Bevor du jetzt antwortest, bitte ich dich, mir zu sagen, wie meine Gefühle bei dir angekommen sind.

Z: Hmm, daß du dich in letzter Zeit einsam fühlst und daß du gern heute den Abend mit mir verbringen möchtest?

S: Mmh, gut. Noch etwas?

Z: Es muß nicht heute Abend sein, aber wenn nicht, möchtest du, daß wir uns bald einen Abend für uns Zeit nehmen. Außerdem nehme ich an, du wolltest mir sagen, daß du mich liebst. *(Grinst verlegen)*

S: Genau! Du hast es kapiert!

Abgesehen von der konkreten Entscheidung des Paars ist dies ein Beispiel dafür, wie jemand zuerst zuhört und das Gehörte anschließend zusammenfaßt, bevor er darauf antwortet. Die Zusammenfassungen des Zuhörers waren ziemlich gute Aussagen reflektierenden Zuhörens (obwohl er die erste als Frage formuliert hat).

Die gleiche Methode kann man auch beim Turn-taking, einem Dialog über ein zuvor vereinbartes Thema, anwenden. Dabei spricht ein Partner eine bestimmte Zeitspanne, während der andere zuhört; dann faßt der Zuhörer zusammen, was er von den Äußerungen des Sprechers verstanden hat. Daraufhin ergänzt der Sprecher, was der Zuhörer ausgelassen hat, und anschließend tauschen beide ihre Rollen, und der Zuhörer wird zum Sprecher. Denken Sie daran, daß die Reaktion des Zuhörers nur spiegelt, was er verstanden hat, nicht seine Zustimmung oder Ablehnung, und auch keinen Angriff und keine Verteidigung – mit anderen Worten: Sie enthält keine Kommunikationssperren.

Wenn Sie dies selbst ausprobieren wollen, beginnen Sie am besten nicht gleich mit besonders schwierigen oder »heißen« Themen. Wählen Sie etwas, das zwar interessant, aber nicht zu belastend ist. Eine andere Möglichkeit, die seit langem in Gruppen für Paare genutzt wird, besteht darin, beide Partner ihre Reaktionen separat aufschreiben und dann abwechselnd ihre eigenen Worte vorlesen zu lassen, während der Partner zuhört und das Gehörte anschließend zusammenfaßt. Es folgen Beispiele für Themen, die Sie auf diese Weise benutzen können, um einem Menschen, mit dem Sie in einer engen Beziehung leben, zuzuhören.

- Beschreibe eine Situation, die du erlebt hast und von der du meinst, es könnte für mich schwierig sein, sie zu verstehen.
- Erzähle mir von einer Situation, in der du echte Freude, Staunen oder Ehrfurcht erlebt hast.
- Wer, würdest du sagen, war dein bester Freund, als du aufgewachsen bist? Wie war diese Person, und weshalb war sie dein bester Freund?
- Erzähle mir von jemandem, den du kennst oder gekannt hast, von dem du meinst, er sei gut alt geworden.
- Welche drei Erlebnisse hatten deiner Meinung nach einen wichtigen Einfluß auf die Person, die du heute bist? Was hast du durch diese Erlebnisse gelernt?
- Nenne drei Menschen, die entscheidenden Einfluß auf deine Entwicklung zu der Person, die du heute bist, hatten. Was von dem, das sie getan haben, war besonders wichtig und bedeutungsvoll für dich?
- Was sind deiner Meinung nach die drei wichtigsten Werte, die dich heute durch dein Leben geleiten? Was ist dir am wichtigsten?

Verstehen oder Probleme lösen?

Häufig kommt es zu Mißverständnissen, wenn jemand ein Erlebnis beschreibt und die andere Person, statt einfach nur zuzuhören, Lösungsvorschläge anzubieten versucht. Stellen Sie sich ein Paar vor, das mit seinen Kindern zusammenlebt. Ein Partner kommt von der Arbeit nach Hause und wird mit einem Sperrfeuer frustrierender Äußerungen empfangen.

Du glaubst nicht, was ich heute erlebt habe! Ich mußte einen Haufen Erledigungen machen, und dann rief auch noch die Schule an, ich solle Melanie abholen, weil sie sich krank fühle. Ich habe sie abgeholt, und jetzt ist wohl alles wieder in Ordnung; aber ich mußte mich den ganzen Tag um sie kümmern, und außerdem klingelte ständig das Telefon und unterbrach mich, so daß ich letztlich nichts erledigen konnte. Der Abwasch ist immer noch nicht gemacht, und nicht einmal die Wäsche ist fertig.

Will diese Person sich nur ihren Frust von der Seele reden und möchte sie angehört werden? Oder wäre es besser, ihr eine Problemlösung wie die folgende vorzuschlagen:

Na dann schaun wir doch mal. Ich bin ziemlich gut darin, anderen Menschen zu helfen, sich besser zu organisieren. Das muß ich in meinem Beruf auch ständig. Laß uns doch einmal gemeinsam deine Liste anschauen; ich kann dir dann helfen, sinnvolle Prioritäten zu setzen.

Oder:

Ich denke, du solltest einfach mal eine Weile das Telefon abstellen.

Oder:

Vielleicht solltest du dich das nächste Mal mit Melanie ein paar Minuten in den Sanitätsraum setzen, die Temperatur messen lassen und dann dort abwarten, bis es ihr wieder besser geht.

Oder auch:

Okay, ich erledige den Abwasch, und du machst die Wäsche.

Was meinen Sie, was der frustrierte Partner als Nächstes sagen könnte? Oder wäre es vielleicht besser, es mit reflektierendem Zuhören und Bestärkung zu versuchen, etwa so:

Mannomann, was für ein frustrierender Tag das gewesen sein muß! Du bist sicher ziemlich erschöpft.

Oder:

Das klingt wirklich entsetzlich! Tut mir leid, daß du heute solche Probleme gehabt hast, und ich weiß es wirklich sehr zu schätzen, daß du dich so gut um die Kinder kümmerst.

Oder:

Es ist schwer, etwas zu erledigen, wenn man ständig so massiv unterbrochen wird. Wie schaffst du das eigentlich alles?

Allerdings führt reflektierendes Zuhören allein auch nicht zu besonders befriedigenden Ergebnissen, wenn es der anderen Person wirklich um Hilfe und Lösungen geht. Deshalb können Sie auch fragen, welche Richtung Sie mit Ihren Antworten einschlagen sollen. Angenommen ein Freund ruft Sie an und beschreibt Konflikte mit anderen Bewohnern des Mietshauses, in dem er lebt. Sie könnten ihn dann fragen:

Sag mir, wie du möchtest, daß ich als dein Freund dich unterstütze. Ich höre mir gern an, was dich bedrückt und wie es sich auf dich auswirkt. Ich bin auch bereit, mit dir über unterschiedliche Möglichkeiten, darauf zu reagieren, zu sprechen. Vielleicht wäre es aber sinnvoller, wenn jemand anders das macht. Wie kann ich dich als Freund momentan am besten unterstützen?

Wenn Sie das Gefühl haben, daß solche Fragen nicht sinnvoll sind, können Sie auch mit reflektierendem Zuhören beginnen und schauen, wohin Sie damit kommen. Später könnten Sie die andere Person auffordern, ihre eigenen Lösungsideen zu beschreiben, indem Sie beispielsweise fragen: »Was meinst *du* denn, was du tun könntest?« Falls Sie eigene Vorschläge machen wollen, ist es oft gut, vorher um Erlaubnis zu bitten. »Wäre es für dich in Ordnung, wenn ich dir ein paar eigene Ideen beschreibe und du mir dann sagst, ob du etwas davon für sinnvoll hältst?«

Natürlich kann der Sprecher auch vorab signalisieren, was er gern möchte. In dem etwas früher im Text angeführten Beispiel begann der Partner, der zu Hause blieb, genau auf diese Art: »Wärest du bereit, dir vorher ein wenig Zeit zu nehmen, damit wir miteinander reden können? Ich möchte dir etwas sagen, und ich möchte, daß du mir einfach nur zuhörst.«

Zusammenarbeit: eine beidseitige Verantwortung

Empathie inspiriert Mitgefühl und Handlungen, die das Wohl anderer fördern. In Beziehungen nährt das Üben empathischen Verstehens den fürsorglichen Umgang mit Gesundheit und Glück des Partners. Aber was macht einen Freund oder Partner glücklich? Wir alle bieten anderen in der Regel das an, was *uns selbst* glücklich macht; aber Bedürfnisse und Präferenzen sind nun einmal unterschiedlich, und oft fühlen sich Menschen mit gegensätzlichen Eigenarten zueinander hingezogen. Empathisches Zuhören kann Partnern zu verstehen helfen, was den jeweils anderen glücklich macht.

Die Macht der Vs und As

Eine direkte Methode, die ich manchmal in der Paarberatung genutzt habe, besteht darin, alle Teilnehmer Listen ihrer Vorlieben und Abneigungen zusammenstellen zu lassen. Vorlieben (Vs) sind Ihnen angenehme Dinge, die Ihr Partner tut oder tun kann; sie helfen Ihnen, sich glücklich und geliebt zu fühlen. Abneigungen (As) hingegen sind Dinge, die Ihnen mißfallen; wenn Ihr Partner diese Dinge tut, fühlen Sie sich verletzt oder sind unglücklich. Es ist eine interessante Übung, Ihre eigenen Vs und As in Listen zusammenzustellen. Sie können noch einen Schritt weitergehen, indem Sie zu erraten versuchen, was Ihr Partner als Vs und As notieren könnte – welche Dinge er als angenehm bzw. unangenehm empfindet.

Wenn man nicht sorgsam darauf hinarbeitet, es zu verhindern, bricht sich in Beziehungen auf die Dauer eine natürliche Tendenz Bahn. Zu Beginn einer intimen Beziehung sind die Vs sehr stark. Ein Blick, eine freundliche Bemerkung, ein Kuß oder eine Berührung wirken dann sehr erregend. Wenn die Beziehung dann allmählich reift, verlieren die Vs allmählich an Macht. Berührungen und Komplimente wirken dann nicht mehr so erregend wie am Anfang. Das ist dem natürlichen Prozeß der Gewöhnung der Partner aneinander geschuldet. Ein Kompliment eines attraktiven Fremden wirkt immer noch erregend, doch wenn der eigene Partner die gleichen Worte äußert, ist die Wirkung geringer. Weil der Einfluß der Vs allmählich nachläßt, üben sich die Partner weniger darin, was das Gefühl hervorrufen kann, »wie Mobiliar behandelt zu werden«.

Mit der Wirkung von As in Liebesbeziehungen verhält es sich genau umgekehrt. Eine Zurechtweisung eines Fremden können wir problemlos abtun und vergessen. Zweifellos reagieren einige Menschen sehr sensibel, wenn sie auch nur einen Hauch von Zurückweisung verspüren. Zurückweisungen wirken in der Regel weniger stark auf uns, wenn wir mit deren Urhebern keine persönliche Vorgeschichte haben. Es gibt Menschen mit einem generell negativen Charakter, die andere grundsätzlich kritisieren, verurteilen und mißbilligen. Doch weil andere ihnen nach einer Weile einfach nicht mehr zuhören, verlieren ihre As an Einfluß: »Nimm das nicht persönlich. Sie ist immer so.« In einer Liebesbeziehung hingegen können As sehr quälen. In Saint-Exupérys berühmtem Märchen *Der kleine Prinz*[20] erklärt ein Fuchs dem kleinen Prinzen: »Du bist für immer verantwortlich für das, was du gezähmt hast.« Kritik oder eine Zurückweisung von jemandem, der uns sehr wichtig ist, kann sich entsetzlich anfühlen. Das ist ein Kontrasteffekt. Angesichts einer langen Vorgeschichte von Vorlieben kann ein Ausdruck von Abneigung einen Schock hervorrufen. Das Gegenteil trifft ebenfalls zu. Ein Kompliment wirkt besonders ermutigend, wenn es von einem normalerweise hyperkritischen Vorgesetzten stammt.

Dies bedeutet, daß wir hinsichtlich der Art, wie wir in nahen Beziehungen unsere Abneigungen äußern, eine besondere Verantwortung haben. Wenn wir uns einem Menschen gegenüber normalerweise positiv und liebevoll fühlen, kann eine scharfe Bemerkung von uns ihn besonders stark verletzen. Diese Gefahr besteht insbesondere in langjährigen Beziehungen. Läßt der Einfluß der besonderen Vorlieben zwischen Partnern allmählich nach, können Abneigungen eine stärkere Wirkung entfalten (was nicht immer den Absichten des Verursachers entspricht).

Eine ursprünglich sehr liebevolle Beziehung kann dann einen aversiven Einfluß entfalten. Das ist in der Regel der Fall, wenn verzweifelte Paare zu einem Therapeuten kommen. Sie bekämpfen einander fast ständig, und ihre mit dem Partner verbundenen Vorlieben sind fast völlig verschwunden. Merkwürdigerweise verlieren auch die Abneigungen mit der Zeit ihren Einfluß. Dieser Zustand ist keineswegs unumkehrbar. Und was noch wichtiger ist: Man kann verhindern, daß er überhaupt entsteht.

Was hat all dies mit dem Zuhören zu tun? Denken Sie daran, daß es beim empathischen Zuhören darum geht, zu verstehen, was die andere Person innerlich erlebt. Wir wissen nicht automatisch, was jemand anderem gefällt. Wir können Vermutungen darüber anstellen, aber wie in Kapitel 3 erläutert wurde, sind solche Vermutungen oft falsch. Reflektierendes Zuhören ermöglicht uns, unsere Vermutungen so lange zu überprüfen, bis wir das Geschehen richtig verstehen – wobei sich »richtig« in diesem Fall auf das Verständnis des Erlebens der anderen Person bezieht. Selbst wenn Sie die liebevollsten Absichten hegen, kann es passieren, daß Sie einem Partner das geben, was Ihnen selbst besonders gefällt, also nicht das, was dem anderen selbst behagt.

Deshalb empfehle ich verzweifelten Paaren, sich mit ihren Vorlieben und Abneigungen zu beschäftigen. Dabei stellen beide zunächst ihre persönlichen Listen zusammen, wobei ihnen nahegelegt wird, die Liste der Vorlieben so umfangreich wie möglich werden zu lassen. (Bei Menschen, die eine Paartherapie beginnen, ist die Liste der Abneigungen meist ohnehin schon lang genug.) Anschließend tauschen sie ihre Listen, um festzustellen, was der Partner als Vs und als As empfindet. Davon ausgehend werden beide Partner dazu angehalten, ihre Vs zu stärken und ihre As zu verringern. Eine Zeitlang achten beide auf ihre Vs und As und zählen diese ebenso wie diejenigen, die sie beim Partner bemerken. Beide bemühen sich, das Verhältnis zwischen Vs und As bei sich selbst auszugleichen, unabhängig davon, was ihr Partner tut. (Andernfalls können sich beide in einem nie endenden Teufelskreis der Vergeltung verfangen: »Du hast mich verärgert, jetzt werde ich dich auch ärgern.«) Verstehen Sie die Vs als Guthaben auf dem Beziehungskonto und jedes A als Abhebung davon.

Natürlich brauchen Sie nicht zu warten, bis Sie verzweifelt sind, bevor Sie sich mit Ihren Vs und As beschäftigen. Bewußter zu erleben, wie Ihr eigenes Verhalten Ihren Partner beeinflußt, und Veränderungen zum Positiven vorzunehmen, kann an jedem Punkt einer Beziehung nützlich sein und ist deutlich leichter, wenn sich noch keine Gewohnheiten und Gefühlsverhärtungen herausgebildet haben. Interessant kann auch sein, eine Weile zu verfolgen, mit welchen Vs und As Sie andere Menschen im Laufe eines Tages konfrontieren. Zwar kennen Sie nicht die V- und A-Listen aller Menschen, aber Sie können ziemlich präzise erraten, wie Ihre eigenen Worte und Handlungen wahrscheinlich aufgenommen werden.

Um Veränderungen bitten

Menschen, die in einer Beziehung leben, brauchen auch eine Möglichkeit, einander um Veränderungen zu bitten. Ein gutes Verfahren hierfür sieht wie folgt aus:

1. Stellen Sie von Anfang an klar, daß es sich um eine Bitte handelt. Sie können beispielsweise sagen: »Ich möchte dich bitten, etwas für mich zu tun.« Oder: »Ich frage mich, ob du wohl bereit bist, etwas auszuprobieren, wovon ich glaube, daß es unsere Beziehung stärken wird.«
2. Formulieren Sie Ihre Bitte sehr konkret. Eine verallgemeinernde Bitte wie »Ich möchte, daß du netter zu mir bist« ist zu diffus. Ihnen selbst mag klar sein, was Sie meinen, der anderen Person hingegen ist es wahrscheinlich nicht klar. Konzentrieren Sie sich darauf, was die andere Person konkret tun kann: »Bitte, schau mir in die Augen, wenn wir miteinander reden, und fummle nicht an deinem Handy herum« oder: »Bitte spreche mit mir ab, wenn du einen Termin für uns beide vereinbarst.«
3. Bitten Sie die andere Person, mit ihren eigenen Worten zu wiederholen, worum Sie bitten, damit Sie überprüfen können, ob sie richtig verstanden hat, worum es Ihnen geht.

4. Fragen Sie die andere Person, ob sie bereit ist, Ihre Bitte zu erfüllen.
5. Bringen Sie zum Ausdruck, daß Sie ihre Bereitschaft zuzuhören schätzen.

Es kann auch nützlich sein, einen Teil der Verantwortung für etwas zu übernehmen, wenn es der Situation angemessen ist, oder anzubieten, bei der von Ihnen gewünschten Veränderung behilflich zu sein.

Wird eine solche Bitte an Sie gerichtet, sollten Sie zunächst dafür sorgen, daß Sie diese verstehen. Auch wenn Sie sich in die Defensive gedrängt fühlen, sollten Sie es zu Ihrer obersten Priorität machen, genau zu verstehen, worum Sie gebeten werden. Erst dann können Sie entscheiden, ob Sie bereit und in der Lage sind, die Bitte zu erfüllen. Wenn Sie sagen: »Ich werde es versuchen«, sind Sie zwar dazu bereit, haben aber Zweifel, ob Sie in der Lage sein werden. Eine klarere Verpflichtung bringen Sie durch »Ich will« oder »Ich werde mein Bestes tun« zum Ausdruck. Ich rate grundsätzlich davon ab, einen Handel anzubieten: »Ich tue das für dich, wenn du … .« Solche Geschäfte scheitern schnell, sobald die Unvollkommenheit einer der beiden beteiligten Personen zutage tritt – und unvollkommen sind wir natürlich alle.[21] Wie gutes Zuhören erfordert auch Veränderung Beharrlichkeit.

Eine liebevolle Beziehung gesund und stark zu erhalten erfordert lange und beharrliche Bemühungen. Je früher Sie beginnen, empathisches Zuhören zu üben und sich Ihre Vorlieben und Abneigungen bewußt zu machen, um so besser.[22] Das Leben konfrontiert uns unablässig mit Freude und Kummer, und jede dieser Regungen geht vorüber.[23] Bleiben Sie beharrlich. Wenn eine Beziehung qualvoller wird, ist die Ursache in der Regel ein Muster, dem zufolge der eine Partner immer mehr dringende Bitten vorbringt und der andere sich immer stärker zurückzieht.[24] Für Beziehungen ist dies eine Todesspirale, aber sie ist nicht irreversibel, sofern rechtzeitig an ihrer Veränderung gearbeitet wird. Bei der Arbeit mit Paaren in schwierigen Situationen ist es nach meinen Erfahrungen besonders wichtig, ihre eingefleischten Muster, einander anzugreifen, umgehend zu unterbrechen und ihnen zu helfen, positive Schritte zur

Heilung der Beziehung zu initiieren. Schnelle Lösungen sind bei solchen Problemen nur selten möglich, und manchmal dauert es eine ganze Weile, bis eine Lösung gefunden ist. Noch besser ist es, früh mit der Übung empathischen Verstehens zu beginnen und die Verantwortung zu akzeptieren, zum Glück und Wohlbefinden des Partners beizutragen.

Probier's aus!

Denken Sie an eine wichtige Beziehung in Ihrem Leben. Wenn Sie Listen Ihrer Vorlieben und Abneigungen – der Dinge, die die andere Person tut und die Ihnen besonders gefallen oder mißfallen – zusammenstellen sollten, was stünde dann auf Ihrer Liste? Ist die eine der beiden Listen länger als die andere? Stellen Sie sich nun vor, was die andere Person erwähnen könnte, wenn sie ihre eigenen Vorlieben und Abneigungen in Listenform zusammenstellen würde. Denken Sie daran, daß dies *Ihre* Vorstellung ist – was Ihnen in den Sinn kommt, kann sich sehr von dem unterscheiden, was die andere Person tatsächlich sagen würde. Was könnte es bewirken, wenn Sie beide Ihre Vorlieben und Abneigungen in Listenform zusammenstellen und diese Listen dann tauschen?

Wenn Sie einen Menschen, der Ihnen wichtig ist, um eine bestimmte Veränderung bitten würden, wie würden Sie Ihre Bitte dann unter Berücksichtigung der in diesem Kapitel beschriebenen Leitlinien formulieren?

Üben Sie sich zusammen mit einer in Ihrem Leben wichtigen Person im empathischen Verstehen. Im Idealfall ist das jemand, der selbst am Erlernen der in diesem Buch beschriebenen Fertigkeiten arbeitet. Noch einmal sei darauf hingewiesen, daß Sie nicht mit einem besonders spannungsgeladenen oder schwierigen Thema beginnen sollten, sondern besser eines der früher in diesem Kapitel erwähnten Themen wählen. Falls Sie die Übung jemandem erläutern müssen, der mit dem, was Sie hier tun, nicht vertraut ist, können Sie dem Betreffenden (in Ihren eigenen Worten) etwas im folgenden Sinne erklären:

Ich versuche zu lernen, besser zuzuhören, und ich möchte dich fragen, ob du bereit bist, mir zu helfen, dies zu üben. Du kannst ein Thema von der folgenden Liste wählen – etwas, worüber du zirka fünf Minuten reden könntest; ich werde mir dann größte Mühe geben, gut zuzuhören. Im Laufe der Übung werde ich herauszufinden versuchen, ob ich dich richtig verstehe. Wenn du fertig bist, werde ich kurz für dich zusammenfassen, was ich gehört habe, und du kannst mir anschließend sagen, wie gut ich es erfaßt habe.

Wenn die andere Person diese Fertigkeiten ebenfalls üben will, können Sie mit ihr die Rollen tauschen und dann selbst als Sprecher fünf Minuten lang über eines der Themen auf der Liste sprechen.

14

Auf Werte hin hören

Es gibt kein Glück, wenn sich die Dinge, die wir glauben, von den Dingen, die wir tun, unterscheiden.

— Albert Camus

Wenn es Ihnen mit der Zeit leichter fällt, gut zuzuhören, und Sie Menschen besser kennenlernen, verstehen Sie möglicherweise auch die Werte, die ihren Gedanken und Handlungen zugrunde liegen. Ob es uns bewußt sein mag oder nicht, wir alle haben ein System von Werten, die unsere Wahrnehmung der Welt und unser Verhalten in ihr entscheidend beeinflussen. Wir können einander helfen, uns bewußter zu machen, was uns am wichtigsten ist, so daß wir besser in der Lage sind, im Einklang mit unseren zentralen Werten zu leben.[25]

Beim Zuhören auf Werte zu achten und diese zu erkennen geht weit über oberflächliches Zuhören hinaus. Die Werte, denen wir uns verpflichtet fühlen, kommen in unserer alltäglichen Kommunikation nicht unbedingt zum Ausdruck. Die Form des Zuhörens, die Werte zu identifizieren vermag, dringt unter die Oberfläche vor und erforscht (sofern die andere Person es uns gestattet) Ziele oder Intentionen, die dem Verhalten zugrunde liegen.

Wenn Sie in der Tiefe nach den Werten forschen wollen, die dem aktuellen Erleben eines Menschen zugrunde liegen, können Sie erneut leicht in Versuchung geraten, analysierende Fragen zu stellen:

- Warum glauben Sie das?
- Was hoffen Sie zu erreichen?
- Was bringt Sie dazu, das zu tun?

Solche Fragen zu stellen ist nicht grundsätzlich falsch, aber wie schon in Kapitel 8 erläutert wurde, erzeugen Fragen zumindest unterbewußt Druck, sie zu beantworten. Fragen mögen zwar Ihre Neugier anregen, aber mir persönlich erscheint es in der Regel besser, über das zu reflektieren, was ich höre, sowie über das, was nicht konkret gesagt wurde, aber gemeint gewesen sein könnte. Dazu ein Beispiel.

S: Ich fühle mich nicht wohl dabei, wenn mich mein Vorgesetzter bittet, bestimmte Dinge nicht in den Büchern auftauchen zu lassen.

Z: Das erscheint Ihnen als nicht richtig.

S: Ich glaube nicht, daß es richtig ist. Ich möchte meinen Job behalten, und ich glaube, ich weiß, was er vorhat, aber das könnte mich in Schwierigkeiten bringen.

Z: Wohl mit dem Gesetz in Konflikt bringen.

S: Es könnte mir auch in der Firma schaden. Ich weiß ja nicht einmal, ob sein Chef überhaupt davon weiß.

Z: Am meisten macht Ihnen zu schaffen, daß letztlich Sie dadurch in Schwierigkeiten kommen könnten.

S: Naja, wenn ich jetzt tue, was er möchte, weiß ich nicht, was ihm als nächstes einfallen würde.

Z: Sobald Sie diese Tür geöffnet haben ...

S: Genau. Aber vor allem stört mich, daß so etwas einfach nicht richtig ist.

Z: Es klingt für Sie wie Lügen.

S: Genau, das wäre es. Ich glaube, das macht mir am meisten zu schaffen. Ich bin nicht dazu erzogen worden, unehrlich zu sein.

Z: Es geht also nicht nur darum, daß Sie in Schwierigkeiten kommen könnten. Sie würden auch gegen Ihre eigene Überzeugung handeln, gegen alles, was Sie in Ihrer Kindheit gelernt haben.

S: Richtig. Wie lautete doch gleich der alte Spruch über das verworrene Netz, das entsteht, wenn wir zu täuschen beginnen? Es wird dann immer komplizierter.

Z: Es ist einfach leichter, ehrlich zu sein.

S: Und man braucht weniger im Kopf zu behalten. (Lächelt)

Alle Bemerkungen des Zuhörers waren Äußerungen im Sinne reflektierenden Zuhörens. Sie alle hätten zum gleichen Ergebnis führen können, wenn der Zuhörer Fragen gestellt hätte wie »Was macht Ihnen Sorgen?« Aber das hätte die Aufmerksamkeit des Zuhörers auf *Sorgen* fokussiert, etwa darauf, daß man beim Betrug erwischt werden kann, und Sorgen sind nicht alles, worum es hier geht. Selbst mit den besten Absichten gestellte Fragen können ein Gespräch einschränken. Im vorliegenden Fall stieß der Sprecher im Laufe des Gesprächs auf den zugrundeliegenden Wert Ehrlichkeit.

Manchmal geraten unsere Werte auch miteinander in Konflikt. In Kapitel 12 kam eine Übung vor, in der der Sprecher etwas erwähnte, »worüber man zwei unterschiedliche Empfindungen hat«, und der Zuhörer die Aufgabe hatte, gut zuzuhören, um beide Seiten des Dilemmas zu verstehen. Solche »zwei Empfindungen« haben oft etwas mit mindestens zwei Werten zu tun, die als gleichermaßen wichtig empfunden werden und in diesem Fall in einen Konflikt geraten.

- Ich liebe mein Kind *und* mißbillige, was es tut.
- Ich bin überzeugt, daß Menschen dies tun sollten, *und* ich glaube, daß man ihnen die Freiheit zugestehen muß, selbst zu entscheiden, was sie tun wollen.

- Ein Teil von mir will helfen, *und* ein Teil von mir ist erschöpft vom ständigen Helfen.

In solchen Fällen sind *beide* konkurrierenden Werte wichtig, und es geht darum, sie miteinander zu versöhnen oder sich für einen von beiden zu entscheiden. Im Falle einer solchen Ambivalenz ist es besonders nützlich, mit jemandem darüber zu sprechen, der gut zuhören kann, ohne dem Drang zu erliegen, das Problem oberflächlich zu »reparieren«, für eine Position Partei zu ergreifen oder Ratschläge zu geben.[26]

Über Ambivalenz

Ambivalenz ist ein innerer Konflikt, der häufig durch die Unvereinbarkeit von zwei oder mehr Werten entsteht. Hinsichtlich Ambivalenz sind fünf Dinge nützlich zu wissen.

1. Ambivalenz ist völlig normal. Sie wollen etwas und wollen es gleichzeitig nicht. Ein Teil von Ihnen möchte es, während sich ein anderer Teil nicht so sicher ist. X ist Ihnen wichtig, aber auch Y und Z, und alles gleichzeitig. Sie sind nicht verrückt, sondern solche Konflikte entsprechen der menschlichen Natur.
2. In einer Ambivalenz können wir uns sehr lange verfangen. Wenn wir beispielsweise darüber nachdenken, etwas zu verändern, denken wir häufig zuerst über einen Grund nach, der *für* die beabsichtigte Veränderung spricht, und dann über einen Grund *dagegen*, und dann hören wir auf, darüber nachzudenken, weil wir die Ambivalenz als unangenehm empfinden. Es erscheint uns als leichter, nicht mehr daran zu denken.
3. Ambivalenz kann drei »Geschmacksrichtungen« haben. Die leichteste Form von Ambivalenz – ein sogenannter »Go/Go-Konflikt« – besteht, wenn man sich für eine von zwei (oder mehr) positiven Möglichkeiten entscheiden müßte, die man *beide* realisieren möchte, obwohl sie unvereinbar sind. Das ist das »Süßwarenladen-Problem«.

Außerdem gibt es den sogenannten »Stop/Stop-Konflikt«, bei dem man »die Wahl zwischen Hölle und Fegfeuer« hat. In diesem Fall geht es um zwei (oder mehr) Möglichkeiten, die Sie *beide* (oder *alle*) vermeiden möchten. Die dritte Art von Ambivalenz ist ein sogenannter »Stop/Go-Konflikt«, wobei Sie etwas gleichzeitig wollen und nicht wollen; oder, schlimmer noch: Sie fühlen sich zwischen zwei Dingen hin und her gerissen, die Sie beide gleichzeitig wollen und nicht wollen. Dieser dritte Fall kann Menschen ziemlich verrückt machen.

4. Wenn Sie sich ambivalent fühlen und jemand Ihnen sagt, was Sie tun sollten, ist es eine völlig natürliche Reaktion, sich für die entgegengesetzte Position zu entscheiden, und wenn Sie das tun, können Sie sich einreden, daß Sie eine bestimmte Richtung einschlagen wollen. Sogar wenn Sie den Argumenten der anderen Person zustimmen, bleibt die natürliche Tendenz bestehen, die entgegengesetzte Richtung einzuschlagen. Vielleicht glaubt Ihr Gesprächspartner, er tue Ihnen einen Gefallen, aber wenn er sich ununterbrochen für eine bestimmte Möglichkeit ausspricht, drängt er Sie mit ziemlicher Sicherheit in die entgegengesetzte Richtung.
5. Will man solch ein Dilemma überwinden, muß man der Versuchung widerstehen, nicht darüber nachzudenken. Eine Methode zur Überwindung einer Ambivalenz wurde im Jahre 1772 von Benjamin Franklin[27] beschrieben, und sie ist wahrscheinlich noch viel älter. Beim Nachdenken über zwei verschiedene Möglichkeiten sollte man auf einem Blatt Papier in der Mitte eine Linie ziehen. Anschließend notiert man auf der einen Seite (die für Entscheidung A steht) die Vorteile von Entscheidung A (wobei man auch die Nachteile von Entscheidung B erwähnen kann). Mit Entscheidung B verfährt man anschließend auf der anderen Seite des Blatts genauso: Welche Vorteile hat Entscheidung B? Sie können auch insgesamt vier Bereiche für Listen abtrennen und zwischen den guten Aspekten von Entscheidung A, den weniger guten Aspekten von Entscheidung A, den guten Aspekten von Entscheidung B und den weniger guten Aspekten von Entscheidung B differenzieren. Das Zusammenstellen

solcher Listen hilft Ihnen zu erkennen, daß die Situation in Wahrheit deutlich klarer ist, als Sie angenommen hatten. In jedem Fall hilft diese Methode, das ganze Bild zu überblicken.[28]

Wie kann sich ein guter Zuhörer in solch einer Situation besonders nützlich verhalten? Jemand, der geduldig zuhört, kann einem Menschen mit ambivalenten Empfindungen sicherlich helfen, so lange im Prozeß zu verharren, daß er das große Bild zu sehen vermag. Als Zuhörer verspüren Sie möglicherweise den Wunsch, der anderen Person bei ihrer Entscheidung zu helfen und sie vielleicht sogar in eine bestimmte Richtung zu drängen; dabei sollten Sie jedoch bedenken, daß dies die gegenteilige Wirkung haben kann. Und probieren Sie um Himmels Willen keine »paradoxe Intervention« aus. Nach meiner Auffassung hören Sie sich am besten beide (oder alle) Seiten des Dilemmas genau an, ohne zu versuchen, etwas zu »reparieren« oder zu »lösen«.

Was ist Ihnen am wichtigsten?

Wie in so vielerlei Hinsicht ist die vielleicht beste Vorbereitung darauf, jemandem zu helfen, sich über seine Werte klar zu werden, daß man sich der eigenen Werte bewußter wird. Am Ende dieses Kapitels finden Sie eine lange Liste, in der Werte verschiedenster Art jeweils kurz beschrieben werden, Dinge, die verschiedene Menschen für wichtig halten. Es kann durchaus sein, daß Ihnen persönlich etliche dieser Werte mehr oder minder wichtig sind. Es handelt sich um eine Liste von hundert potentiellen Werten, die ich im Laufe der Jahre mit drei Kollegen zusammen entwickelt habe.[29] Sie könnten auch noch andere Dinge wertschätzen, die auf der Liste nicht vermerkt sind, und Sie können sie der Liste gerne hinzufügen. Die Liste wurde ursprünglich für einen Kartensatz zusammengestellt, wobei jeder Wert auf eine kleine Karte gedruckt werden sollte.[30] Die Karten sollten zu fünf Stapeln sortiert werden: (1) Nicht wichtig für mich; (2) ein wenig wichtig für mich; (3) wichtig für mich; (4) sehr wichtig für mich; und (5) äußerst wichtig für mich. Ein einfacheres Verfahren besteht darin, die Liste durchzusehen und nur zehn Werte herauszugreifen, die Ihnen als für Ihr Leben besonders wichtig erscheinen. Wenn Sie noch einen Schritt weiter gehen wollen, können Sie diese zehn Karten nochmals in der Reihenfolge ihrer Wichtigkeit für Sie persönlich ordnen. Was ist für Ihre Orientierung im Leben wirklich *am allerwichtigsten*?

Dies kann auch als Grundlage für ein interessantes Gespräch mit Menschen, an denen Ihnen viel liegt, dienen. Was bezeichnen diese als ihre wichtigsten Werte? Selbst wenn Sie die Betreffenden schon lange kennen, könnte Sie (und die Befragten) das Resultat überraschen! Statt einfach nur eine Liste zusammenzustellen, können Sie auch mehr darüber herauszufinden versuchen, inwiefern und warum diese Werte den Betreffenden besonders wichtig sind. Dabei können Sie mit einer offenen Frage beginnen, der Sie dann wie sonst auch reflektierendes Zuhören folgen lassen. Sobald Sie einige Werte der allerwichtigsten Kategorie identifiziert haben, können Sie mit Hilfe der folgenden Fragen ein Gespräch beginnen:

- Inwiefern ist das für Sie ein wichtiger Wert?
- Nennen Sie mir Beispiele dafür, wie dieser Wert in Ihrem Leben zum Ausdruck kommt.
- Warum meinen Sie, daß das für Sie so wichtig ist?
- Wann war es für Sie besonders schwierig, sich im Sinne dieses Wertes zu verhalten?

Verlassen Sie sich aber nicht zu sehr auf solche Fragen; sie sind nur für den Anfang gedacht. Es geht darum, gut zuzuhören, während sich die andere Person darüber klar wird, was für sie am wichtigsten ist. Stellen Sie eine offene Frage, und machen Sie dann durch reflektierendes Zuhören den Weg frei.

Z: Sie haben »Herausforderung« als einen für Sie besonders wichtigen Wert genannt. Wieso ist dieser Wert für Sie so wichtig?

S: Ich glaube, ich treibe mich gern zu Höchstleistungen an.

Z: Sie wollen herausfinden, wozu Sie in der Lage sind.

S: Vielleicht will ich mich auch einfach nur nicht mit dem zufrieden geben, wovon ich sowieso weiß, daß ich es kann. Ich möchte mich gern permanent weiterentwickeln.

Z: Mit dem, was Sie schon kennen, sind Sie nicht zufrieden.

S: Das bin ich ganz bestimmt nicht! Ich habe zwar schon viel gelernt, aber soll ich ausgerechnet jetzt aufhören, noch mehr dazu zu lernen?

Z: Es gibt noch so viele Möglichkeiten.

S: Sehr viele! Ich langweile mich schnell, wenn ich immer das gleiche tue.

Z: Es geht Ihnen also auch darum, das Leben interessant zu halten; vielleicht geht es auch um Neugier.

S: Als Kind haben mir die *Star-Trek*-Filme immer gut gefallen: *»Let's see what's out there!«*

Z: Sie geben sich nicht gern mit dem momentanen Stand der Dinge zufrieden.

S: Na ja, manchmal ist das ein Fluch und manchmal ein Segen. Ich bin ein ziemlich ruheloser Mensch.

Z: Die Rückseite des Werts »Herausforderung« ist, daß man sich dort, wo man ist, nie völlig zu Hause fühlt.

S: Wäre nicht eine Art Balance zwischen beidem möglich?

Z: Vielleicht ja.

S: Vielleicht suche ich ja danach. Aber ich möchte das prickelnde Gefühl nicht missen.

Z: Irgendwie gefällt Ihnen die Rastlosigkeit, und andererseits könnten Sie die Gegenwart wahrscheinlich ein wenig besser genießen.

Die letzte reflektierende Äußerung geht auf beide Seiten des Dilemmas ein. Diese Art doppelseitiger Reflexion kann bei Menschen mit starker Ambivalenz besonders nützlich sein. Sie spiegelt beide Aspekte und verbindet sie durch ein »und«. Beides trifft zu. Ambivalente Menschen können sich im »ja, aber« verfangen. Ist es nicht interessant, daß das Wort »aber« wie ein Radiergummi wirkt? Es verringert den Wert des vorher Gesagten. »Du bist ein netter Mensch, und ich mag dich wirklich, aber ...« Alles, was vorher gesagt wurde, verblaßt plötzlich, und Sie machen sich auf das, was kommen wird, gefaßt. Ein »und« beläßt sowohl dem Vorangegangenen als auch dem Folgenden seinen Wert. »Du bist ein guter Mensch, und es macht mir Freude, wenn ich von dir höre, und wenn du mir so viele Botschaften schickst, fällt es mir schwer, sie alle aufzunehmen.«

Der obige Dialog ist auch ein gutes Beispiel für das »Fortsetzen des Absatzes« als eine Art empathischen Zuhörens. Mit nur geringen Veränderungen könnten alle Reflexionen als Denkprozeß des Sprechers, als innerer Monolog verstanden werden:

Sprecher: Ich treibe mich gern zu Höchstleistungen an. Wahrscheinlich weil ich herausfinden will, wozu ich in der Lage bin, statt mich mit dem zufrieden zu geben, wovon ich sowieso weiß, daß ich es kann. Mit dem, was ich schon kenne, bin ich nicht zufrieden. Ich möchte mich permanent weiterentwickeln. Ich meine, ich habe zwar schon viel gelernt, aber soll ich ausgerechnet jetzt aufhören, noch mehr dazu zu lernen? Es gibt noch so viele Möglichkeiten. Viel mehr! Ich langweile mich schnell, wenn ich immer das gleiche tue. Es geht auch darum, das Leben interessant zu halten; vielleicht geht es auch um Neugier. Als Kind haben mir die *Star-Trek*-Filme immer gut gefallen: *»Let's see what's out there!«* Ich gebe mich nicht gern mit dem momentanen Stand der Dinge zufrieden. Das ist manchmal ein Fluch und manchmal ein Segen. Ich bin ein ziemlich ruheloser Mensch. Die Rückseite des Werts »Herausforderung« ist, daß ich mich dort, wo ich bin, nie völlig zu Hause fühle. Wäre nicht eine Art Balance zwischen beidem möglich? Vielleicht ja. Vielleicht suche ich ja danach. Aber ich möchte dieses prickelnde Gefühl nicht verlieren. Irgendwie mag ich die Rastlosigkeit, und andererseits könnte ich die Gegenwart wahrscheinlich ein wenig besser genießen.

Man könnte es so sehen, daß Sprecher und Zuhörer gemeinsam eine Geschichte erzählen, die Geschichte des Zuhörers.

Probier's aus!

Im folgenden finden Sie eine Liste von hundert Werten, die ich gemeinsam mit Kollegen aufgrund unserer Erfahrungen mit Klienten zusammengestellt habe. Welche Werte aus der folgenden Liste würden Sie als die wichtigsten in Ihrem Leben bezeichnen? Wählen Sie nicht mehr als zehn aus; es können auch weniger sein. Können Sie Werte identifizieren, die Sie an die Spitze der Liste setzen würden, weil sie Ihnen noch wichtiger als die übrigen sind? Können Sie sich eine komplette Rangordnung vorstellen? (Wenn Ihnen das nicht gefällt, ist das kein Problem.)

Über die folgenden Fragen können Sie im Hinblick auf jeden der Werte Ihrer kurzen Liste reflektieren:

- Weshalb hat dieser Wert für Sie eine so zentrale Bedeutung erlangt? Gab es für Sie wichtige Menschen, die Ihnen diesen Wert nahe gebracht oder ihnen vorgelebt haben?
- Wie bringen Sie diesen Wert in Ihrem Leben zum Ausdruck? Können Sie Beispiele dafür nennen, wie Sie den Wert in der Realität umsetzen?
- Wann war es für Sie besonders schwierig, sich diesem Wert entsprechend zu verhalten? Gab es einen Konflikt mit einem anderen von Ihnen bevorzugten Wert?
- Wie könnten Sie diesem Wert in Ihrem Leben stärker zum Ausdruck verhelfen? Welche Gelegenheiten dazu gibt es?

Mit wem könnten Sie ein Gespräch über Ihre zentralen Werte führen? Haben Sie einen Freund oder kennen Sie eine Gruppe, mit dem oder der Sie dies als beziehungsstärkende Übung realisieren könnten? Befragen Sie einander abwechselnd über die von Ihnen identifizierten zentralen Werte, wobei Sie jeweils mit offenen Fragen wie den in diesem Kapitel genannten beginnen und anschließend mit reflektierendem Zuhören fortfahren.

Mit hoher Wahrscheinlichkeit werden Sie Gelegenheiten erhalten, mit jemandem über ein Thema zu reden, dem der Betreffende ambivalent gegenübersteht. Das kommt sehr häufig vor. Können Sie sich vorstellen, wie das ablaufen würde, wenn Sie den in diesem Kapitel beschriebenen Ansatz anwenden, statt nur zu schweigen, Ratschläge zu geben oder andere Kommunikationssperren zu benutzen? Wenn Sie das nächste Mal mit einem ambivalenten Gesprächspartner konfrontiert werden, sollten Sie das hier beschriebene Verfahren einmal ausprobieren.

100 potentielle persönliche Werte

1. Abenteuer – neue und aufregende Dinge erleben
2. Abgeschiedenheit – Zeit und Raum haben, um sich von anderen abzusondern
3. Akzeptiert werden – so angenommen werden, wie man ist
4. Attraktivität – körperlich anziehend auf andere wirken
5. Aufmerksamkeit – bewußt leben und den gegenwärtigen Augenblick mit wachem Geist wahrnehmen
6. Autonomie – selbstbestimmt und unabhängig sein
7. Autorität – für andere Verantwortung übernehmen
8. Begeisterung – ein anregendes und positiv erregendes Leben führen
9. Behagen – sich gut fühlen
10. Beitrag – die Lebensumgebung dauerhaft bereichern
11. Dankbarkeit – die Wohltaten anderer würdigen
12. Demut – Bescheidenheit und Verzicht auf Ichzentriertheit
13. Dienen – das Wohl anderer fördern
14. Echtheit – im eigenen Handeln zum Ausdruck bringen, wie man wirklich ist
15. Ehrlichkeit – die ungeschönte Wahrheit ausdrücken
16. Einfachheit – ein Leben mit minimalen Bedürfnissen führen
17. Entwicklung – Veränderungen zulassen, die zur Vervollkommnung führen
18. Erfolg – wichtige Ziele erreichen
19. Familie – glücklich und liebevoll mit einem Partner und Kindern zusammenleben
20. Fitness – körperlich gesund und stark sein
21. Fleiss – harte und effektive Arbeit an der Lösung meiner Lebensaufgaben
22. Flexibilität – sich problemlos auf neuartige Situationen einstellen können
23. Freiheit – keinen unangemessenen Beschränkungen und Einschränkungen unterliegen

24. FREUDE – Spiel und Spaß genießen
25. FREUNDSCHAFT – eine Beziehung zu Menschen, die uns unterstützen
26. FÜHRUNG – Inspiration und Anleitung anderer
27. FÜRSORGLICHKEIT – sich um das Wohl anderer kümmern
28. GELIEBT WERDEN – die Liebe uns nahestehender Menschen annehmen
29. GENAUIGKEIT – Treffsicherheit in der Formulierung von Überzeugungen und Meinungen
30. GERECHTIGKEIT – für eine faire und gleiche Behandlung aller eintreten
31. GESUNDHEIT – psychisches und physisches Wohlbefinden
32. GOTTES WILLE – ergründen, was im Sinne Gottes ist, und dem entsprechend handeln
33. GROSSZÜGIGKEIT – anderen von dem geben, was man hat
34. HERAUSFORDERUNG – schwierige Aufgaben und Probleme angehen
35. HOFFNUNG – Aufrechterhalten einer positiven und optimistischen Sicht
36. HÖFLICHKEIT – rücksichtsvoll und freundlich sein
37. HUMOR – über sich selbst und die Welt lachen können
38. INNERER FRIEDEN – in sich selbst Ruhe finden
39. INTEGRITÄT – im Einklang mit den eigenen Werten leben
40. INTELLIGENZ – ein wacher und aktiver Geist
41. INTIMITÄT – die innersten Empfindungen mit einem anderen Menschen teilen
42. KOMFORT – ein angenehmes und behagliches Leben führen
43. KOMPLEXITÄT – sich auf die Vielschichtigkeit des Lebens einlassen
44. KOMPROMISS – Bereitschaft, von den eigenen Vorstellungen Abstriche zu machen, um Vereinbarungen zu ermöglichen
45. KREATIVITÄT – neue Dinge oder Ideen entwickeln
46. KUNST – kreativer Ausdruck und Genießen von Kunstwerken
47. LEIDENSCHAFT – starke Gefühle, die sich auf Ideen, Aktivitäten oder Menschen beziehen
48. LIEBEN – anderen Menschen gegenüber positive Gefühle haben
49. MACHT – beeinflussen, was andere tun

50. Mässigung – Vermeiden von Exzessen und ständige Suche nach einem Mittelweg
51. Meisterschaft – Aufgaben optimal bewältigen
52. Mitgefühl – Sorge um andere und entsprechendes Handeln
53. Monogamie – Selbstbeschränkung auf eine Liebesbeziehung
54. Musik – Klangkunstwerke genießen oder selbst realisieren
55. Musse – sich Zeit nehmen für Entspannung und Lebensgenuß
56. Mut – Tapferkeit und Stärke angesichts widriger Umstände
57. Nähren – Ermutigung und Unterstützung anderer
58. Neugier – Interesse am Ausfindigmachen, Erleben und Erlernen von Neuem
59. Neuheit – die Suche nach bisher ungekannten Herausforderungen und nach ständiger Abwechslung zum Lebensinhalt machen
60. Nonkonformismus – Hinterfragen von Autoritäten und Normen
61. Offenheit – Aufgeschlossenheit für neue Erlebnisse, Ideen und Möglichkeiten
62. Ökologie – Leben in Harmonie mit der Umgebung
63. Ordnung – ein gut organisiertes Leben führen
64. Patriotismus – das Heimatland lieben, ihm dienen und es schützen
65. Pflicht – tun, was man muß oder sich selbst auferlegt hat
66. Popularität – beliebt sein
67. Praktikabilität – sich auf das Vernünftige und Sinnvolle konzentrieren
68. Rationalität – Verstand, Logik und Beweise zur Richtschnur eigenen Handelns machen
69. Realismus – wirklichkeitsbezogen wahrnehmen und handeln
70. Reichtum – viel besitzen
71. Risiko – Gefahren und Chancen wahrnehmen
72. Romantik – Zulassen starker und verzaubernder Liebesempfindungen
73. Ruhm – Bekanntheit und Anerkennung von Leistungen
74. Schönheit – den besonderen Reiz der Umgebung schätzen
75. Schutz – für die Sicherheit geliebter Menschen sorgen
76. Selbstachtung – sich in der eigenen Haut wohlfühlen

77. Selbstkenntnis – ein tiefes und ehrliches Verständnis der eigenen Beschaffenheit
78. Selbstkontrolle – Fähigkeit zur Disziplin im eigenen Handeln
79. Sexualität – ein aktives und befriedigendes Sexualleben
80. Sich selbst akzeptieren – sich so annehmen, wie man ist
81. Sicherheit – unbehelligt von Gefahr sein
82. Sorgfalt – Gründlichkeit und Gewissenhaftigkeit bei allem, was man tut
83. Spiritualität – Wachsen und Reifen hinsichtlich spiritueller Bestrebungen
84. Stabilität – ein beständiges Leben führen
85. Toleranz – Akzeptieren und Respektieren von Menschen mit anderen Ansichten
86. Tradition – sich an respektierten Mustern der Vergangenheit orientieren
87. Treue – Loyalität und Zuverlässigkeit in Beziehungen
88. Tugend – moralisch untadeliges und vorbildliches Verhalten
89. Unabhängigkeit – nicht auf andere angewiesen sein
90. Verantwortlichkeit – pflichtbewußte Entscheidungen treffen und realisieren
91. Vergeben – Bereitschaft, anderen zu verzeihen
92. Verpflichtung – dauerhaft Verantwortung übernehmen
93. Versorgen – sich um das Wohl der eigenen Familie kümmern
94. Vorstellungskraft – Träume zulassen und sich neue Möglichkeiten ausmalen
95. Weltfrieden – für die Beendigung aller militärischen Konflikte arbeiten
96. Wissen – Erwerben und Weiterentwickeln wertvoller Kenntnisse
97. Zugehörigkeit – sich als Teil von etwas fühlen
98. Zusammenarbeit – etwas mit anderen in die Tat umsetzen
99. Zuverlässigkeit – sich ehrlich und vertrauenswürdig verhalten
100. Zweck – im eigenen Leben Sinn und Richtung sehen und dies verfolgen

15

Bei Konflikten gut zuhören

Erziehung ist die Fähigkeit, sich fast alles anzuhören, ohne die Fassung oder das Selbstvertrauen zu verlieren.

— Robert Frost

In Konfliktsituationen hören die Beteiligten merkwürdigerweise oft auf, einander zuzuhören. Sobald jemand als Vertreter der »anderen Seite« identifiziert ist, hält man es für unnötig, dem Betreffenden noch zuzuhören, zumindest wenn es um heikle Themen geht. Dies kann auch in Familien und unter Freunden passieren und kann Konferenzen und sogar Regierungen lähmen.

Vielleicht gibt es keine Situation, in der gutes Zuhören schwieriger ist als inmitten eines Konflikts. Empathisches Zuhören mag nicht ausreichen, um einen Konflikt zu lösen, aber es ist zumindest ein guter Anfang auf dem Weg zu einer Lösung. Zunächst geht es darum, die unterschiedlichen Sichtweisen zu verstehen. Gutes Zuhören beinhaltet nicht zwingend Zustimmung. Jemand könnte sich sorgen: »Wenn ich nicht äußere, was ich selbst meine, und nicht in Frage stelle, was ich höre, akzeptiere ich es praktisch.« Keineswegs. Zu verstehen, was gemeint ist, ist nur der Anfang.

Um es noch einmal zu wiederholen: Gut zuzuhören, um etwas zu verstehen, ist etwas völlig anderes als das Gesprächsmuster, bei dem jemand so lange schweigt, bis er weiß, wie er widersprechen oder die eigene Sicht ins Spiel bringen kann. Lösen Sie sich für den Augenblick von allen Bemühungen, Punkte zu machen oder besonders clever zu sein. Lösen Sie sich vom Urteilen, Abstempeln und von der Annahme, daß Sie sowieso schon wissen, worum es geht. Der einzige Sinn und Zweck dieser Art des Zuhörens besteht darin herauszufinden, was für einen anderen Menschen am wichtigsten ist und wie der Betreffende denkt und fühlt. Die grundlegende Geisteshaltung für diese Art von Zuhören ist *Neugier* – Interesse und der Wunsch zu wissen. Dieses Zuhören erfordert mindestens drei schwer zu entwickelnde Arten von Disziplin:

1. die ungeteilte neugierige Aufmerksamkeit auf das Bemühen zu richten, zu verstehen, was die andere Person erlebt (Kapitel 6);
2. die Nutzung von Kommunikationssperren zu vermeiden (Kapitel 5);
3. empathisch zuzuhören und dabei zu versuchen, wie ein guter Spiegel so genau wie möglich zu reflektieren, was die andere Person nach unserer Meinung zum Ausdruck bringen will (Kapitel 8).

Empathisches Zuhören kann bei dem Bemühen, *jede* Art von Erlebnis zu verstehen, von Nutzen sein; in diesem Kapitel beschäftigen wir uns jedoch speziell mit drei anspruchsvolleren Anwendungsmöglichkeiten, die sich auf Konflikte beziehen. Im *ersten* Fall geht es darum, Menschen, mit denen Sie nicht einig sind, gut zuzuhören. Im *zweiten* Fall wird reflektierendes Zuhören beim Deeskalieren von Wut und Zwietracht genutzt. Und im *dritten* Fall fungiert akkurate Empathie als wertvoller Bestandteil des Bemühens um die Lösung eines Konflikts.

Über Schluchten hinweg hören

Etwas in uns sehnt sich danach, die Welt als deutlich zweigeteilt wahrzunehmen: wir und sie, schwarz und weiß, Ost und West, richtig und falsch. So einfach ist das. Es scheint nur zwei Sichtweisen zu geben, und die unsere ist zufällig die richtige. Natürlich ist das eine Illusion. Es gibt so viele verschiedene Sichtweisen wie Menschen. Politische und religiöse Ansichten sind oft umstritten und wirken polarisierend, aber eine dualistische Wahrnehmung der Realität entsteht in vielen Kontexten unter anderem in sozialen Gruppen (darüber, wer »drinnen« und wer »draußen« steht), aufgrund von klischeehaften Sichtweisen, in akademischen Disziplinen und vor Scheidungsgerichten. Binäres Denken fördert Konflikte und Spaltungen, die wiederum dadurch verschlimmert werden, daß wir einander nicht mehr zuhören.

Ich halte es für wichtig, Menschen auch dann gut zuzuhören, wenn ich nicht ihrer Meinung bin. Zunächst einmal erweitert es unseren Horizont, wenn wir Sichtweisen verstehen, die nicht unsere eigenen sind, und uns abgewöhnen, andere Auffassungen sofort abzutun, ohne ihnen mit Neugier begegnet zu sein. Gut zuzuhören kann unerwartete Gemeinsamkeiten erschließen, die Zusammenarbeit und Beziehungen fördern. Außerdem verhindert es, daß wir aufgrund unzutreffender Annahmen handeln. Wenn wir in unseren Annahmen über die Bedeutung einer bestimmten Äußerung so irren können (siehe Kapitel 3), um wieviel mehr können wir dann falsch liegen, wenn wir Annahmen über die komplexen Werte und Überzeugungen eines anderen Menschen entwickeln!

Es ist leichter, gutes Zuhören zunächst mit Menschen zu üben, mit denen Sie keine Konflikte haben, deren Sichtweisen und Werte sich jedoch von Ihren eigenen unterscheiden. Tatsächlich kann fast jeder diese Voraussetzungen erfüllen, sofern Sie dem Betreffenden gegenüber keinen Groll empfinden, denn die Sichtweisen jedes Menschen, den Sie auswählen, unterscheiden sich zumindest teilweise von Ihren eigenen; versuchen Sie aber, sich bei Ihrer Auswahl aus der Ihnen vertrauten Komfortzone zu entfernen. Beispielsweise könnten Sie jemanden auswählen, von dem Sie annehmen, daß sich seine politischen oder religiösen Wertvorstellungen stark von Ihren eigenen unterscheiden; je größer der Unterschied, desto besser. Es geht hier nicht um ein Gespräch, einen Dialog, eine Diskussion oder eine Debatte. Es geht um eine Gelegenheit, sich darin zu üben, gut zuzuhören.

Für die meisten Menschen ist es ein ziemlich ungewohntes Erlebnis, daß jemand ihnen gut zuhört, ohne damit eine andere Absicht zu verfolgen, als ihre Sichtweise bezüglich eines umstrittenen Themas zu verstehen. Wie viele Minuten im Laufe einer typischen Woche hört Ihnen normalerweise jemand gut zu? Deshalb kann es wichtig sein, vorab zu erklären, was Sie vorhaben. Als ich mich einmal ein wenig darin üben wollte, Menschen mit völlig anderen politischen Ansichten zuzuhören, lud ich sie wie folgt dazu ein:

Menschen scheinen aufgehört zu haben, einander zuzuhören, wenn ihre politischen Meinungen sehr unterschiedlich sind. Wir können eine Weile miteinander reden, ohne einander interessiert und respektvoll zuzuhören. Nach meiner Auffassung sollten wir aber genau das häufiger tun, und ich möchte mich ein wenig darin üben! Wenn Sie einverstanden sind, werde ich Sie zirka eine Stunde interviewen; dabei verfolge ich keinen anderen Zweck, als besser zu verstehen, wie Sie die Dinge sehen. Meine Absicht ist, Ihnen zuzuhören, ohne Sie zu unterbrechen und ohne Ihnen zuzustimmen oder zu widersprechen; es geht mir nur darum, Ihre politischen Werte und was Ihnen wichtig ist zu verstehen. Ich werde vielleicht ein paar Fragen stellen, aber hauptsächlich werde ich mir große Mühe geben, Ihnen gut zuzuhören. Ich sage Ihnen jeweils, was ich verstanden habe, und Sie können mir dann mitteilen, wie gut ich mein Ziel erreicht habe. Sind Sie bereit, mir bei dieser Übung zu helfen?

Ja, eine Stunde. Es ist eine ungewöhnliche und verlockende Gelegenheit, wenn ein anderer Mensch uns anbietet, uns eine Stunde lang zuzuhören und dabei nichts anderes im Sinn hat, als uns zu verstehen. Diese Bitte hat mir noch nie jemand abgeschlagen. Glücklicherweise ist das, was ich diesen Leuten sage, außerdem die Wahrheit: Wir *brauchen* Übung in dieser Art des Zuhörens! Besonders schwierig ist gutes Zuhören, wenn es um Themen geht, bezüglich derer wir völlig anderer Meinung als unser Gegenüber sind, weil wir dann zumindest für eine begrenzte Zeit von der Möglichkeit absehen müssen, unsere eigenen Sichtweisen und Meinungen zu vertreten. Das Wort »Interview« erscheint mir hier sehr passend, weil ein guter Interviewer zu verstehen und zu klären versucht. Es geht nicht um ein normales Gespräch. Der Interviewer hat eine andere Rolle als die Person, die er interviewt. Natürlich gibt es auch Interviewer, die hauptsächlich ihre eigene Sichtweise zu propagieren versuchen, aber nach meiner Auffassung ist das kein gutes Interviewen. Fragen wie: »Ist es nicht wahr, daß _________ ?« oder: »Stimmen Sie mir nicht zu, daß __________ ?« wirken suggestiv. Sie gehören eher in eine Debatte und haben nichts mit Neugier zu tun.

Setzen Sie sich bei einem Interview nur zum Ziel, die Überzeugungen des Befragten zu verstehen. Ihre eigene Sicht ist dabei vorübergehend unwichtig. Nach einem gut geführten Interview hat der Interviewte wahrscheinlich keine Vorstellung von Ihrer persönlichen Sicht der Dinge, über die gesprochen wurde. Es geht dabei nicht darum, die Sicht des Sprechers zu hinterfragen oder gar zu verändern – nur darum, ihn zu verstehen.

Beim Zuhören über Schluchten hinweg – wenn es um potentiell polarisierende Themen geht – werden Kommunikationssperren manchmal übermäßig stark eingesetzt und erscheinen fast wie automatische Reaktionen. In einem polarisierten Kontext kommt die Versuchung auf, eine abweichende Sicht reflexhaft abzutun. Bleiben Sie beim empathischen Zuhören!

Mir ist aufgefallen, daß sich Zuhörer, wenn ich über ein brisantes Thema spreche, oft an Kränkungen erinnern, die sie mit bestimmten Vorfällen oder Personen in Verbindung bringen. Wenn Sie in solchen Fällen gut zuhören, ohne Kommunikationssperren zu benutzen, können Sie über die konkreten Einzelheiten der betreffenden Umstände hinaus zu allgemeineren Werten und Überzeugungen vorstoßen. Hören Sie genau zu, und tauchen Sie tiefer ein. Was lassen die geschilderten Vorfälle darüber ahnen, welche Ideale oder Prinzipien dem Sprecher wichtig sind? Reflektieren Sie darüber in dem Bewußtsein, daß es sich um eine Vermutung handelt. Was ist »das Gute«, dem sich der Sprecher zu nähern hofft? Welche positiven Werte scheinen der Sicht der anderen Person zugrunde zu liegen? Politik beispielsweise erfordert, einen Ausgleich zwischen komplexen widerstreitenden Interessen zu erreichen, was eine

Priorisierung zwischen potentiell im Konflikt stehenden Werten erfordert. Welche Werte sollten nach Ansicht dieser Person oberste Priorität haben? Verlassen Sie sich nicht zu sehr auf Fragen, und vergessen Sie nicht, einer Frage stets reflektierendes Zuhören folgen zu lassen. Ich habe festgestellt, daß viele Menschen sich nicht in die Grundlagen ihrer eigenen Überzeugungen vertieft haben. Spezifische und sogar explizit vertretene politische Ansichten sind möglicherweise nicht klar mit ihnen zugrunde liegenden Werten verbunden. Wenn wir jemandem gut zuhören, kann das dem Betreffenden zu einem besseren Verständnis der eigenen Überzeugungen und ihrer Vereinbarkeit verhelfen.

Wahrscheinlich gehen Ihnen einige Themen einfach zu nahe, als daß Sie gut zuhören könnten, wenn darüber gesprochen wird. Aus diversen Gründen kann es Ihnen bei bestimmten Themen schwerfallen zuzuhören, ohne zu urteilen. Vielleicht rühren diese bei Ihnen schmerzhafte persönliche Erinnerungen an, beziehen sich auf ungelöste Konflikte in Ihrem Leben oder stehen im Widerspruch zu Werten, die Ihnen besonders wichtig sind. Psychotherapeuten stellen oft fest, daß sie bestimmte Arten von Klienten oder bestimmte Probleme nicht besonders gut behandeln können. Das ist normal. Hören Sie gut zu, und erkennen Sie Ihre eigenen Grenzen.

Zuhören in schwierigen Situationen

Empathisches Zuhören wurde lange benutzt, um Menschen zu beruhigen, die besonders erregt oder wütend waren. Tatsächlich wirkt es beruhigend, wenn jemand uns gut zuhört und für das, was wir erlebt haben, Verständnis zeigt; außerdem trägt dies zur Vermeidung von Mißverständnissen bei. Das ist besonders nützlich, wenn jemand dazu gebracht werden muß, ruhig zu bleiben, negative Energie zu absorbieren, ohne Vergeltung zu üben, und in Ruhe nach einer Lösung zu suchen. Kundenservice ist ein Kontext, in dem »der Kunde immer Recht hat«, auch wenn er nicht Recht hat. In solchen Zusammenhängen werden in der Regel unter anderem reflektierendes Zuhören, Entschuldigungen und teilweise Übernehmen der Verantwortung empfohlen. Vater oder Mutter zu sein ist eine weitere Situation, in der Erwachsene eine besondere Rolle und Verantwortung haben. In solchen Fällen verstärken defensive oder offensive Reaktionen wahrscheinlich bereits bestehende Konflikte und Wutgefühle.

Im folgenden Beispiel aus dem realen Leben geht es um zwei Gleichaltrige, die miteinander telefonieren. Der Dialog beginnt mit einem aufgebrachten Sprecher.

Z: Hallo?

S: Was glaubst du eigentlich, wer du bist, daß du meiner Frau sagst, ich solle mich um unsere Kinder kümmern. Was in unserer Familie los ist, geht dich überhaupt nichts an!

Z: Du scheinst ziemlich wütend auf mich zu sein. *(Reflexion)*

S: Und ob ich das bin! Was fällt dir ein, ihr zu sagen, ich soll mich um die Kinder kümmern, während sie ausgeht?

Z: Das hört sich wie ein massiver Eingriff in dein Privatleben an. *(Reflexion)*

S: Ja, ist es das denn nicht?

Z: Kannst du mir mal erklären, warum dich das so wütend macht? *(Frage)*

S: Wir kommen beide von der Arbeit nach Hause, und sie sagt, sie will am Donnerstagabend ausgehen, und du hättest ihr gesagt, ich sollte bei den Kindern zu Hause bleiben.

Z: Das muß in deinen Ohren zudringlich klingen! *(Reflexion)*

S: Das ist es ja wohl auch. Was hast du dir dabei gedacht?

Z: Ganz ehrlich, ich muß sechs Leute unter einen Hut bekommen, und Donnerstagabend ist für die anderen Fünf okay; deshalb habe ich mich erkundigt, ob Carol auch kommen kann. *(Informieren)*

S: Und was hat das alles mit mir zu tun?

Z: Sie sagte, sie müsse bei den Kindern bleiben, und ich habe mich gefragt, ob du dich wohl eine Weile um sie kümmern kannst. Ich nehme an, das war der Punkt, wo du das Gefühl bekamst, ich hätte eine Linie überschritten. *(Reflexion)*

S: Das hast du!

Z: Es klang also für dich so, als würde ich versuchen, in dein Leben hineinzuregieren oder dich herumzukommandieren. *(Reflexion)* Tut mir leid, daß dich das verletzt hat. Das war ganz bestimmt nicht meine Absicht.

S: Wie wir uns um unsere Kinder kümmern, ist einzig und allein unsere Sache. Punkt.

Z: Ich akzeptiere das und entschuldige mich.

S: Entschuldigung angenommen.

Es ist verlockend, in solch einer Situation in die Defensive zu gehen. »Ich bin nicht der Meinung, daß an dem, was ich gesagt habe, etwas falsch war. Kannst du dich denn nicht auch gelegentlich um die Kinder kümmern?« Was eine solche Antwort zur Folge hat, kann man sich leicht vorstellen. Bei empathischem Zuhören zu bleiben führt in der Regel zu einem deutlich besseren Ergebnis und vermag die Situation oft schnell zu beruhigen.

Natürlich gibt es Situationen, in denen Sie Grenzen ziehen oder Regeln beherzigen müssen. Im Kundenservice gibt es bestimmte Einschränkungen bezüglich des Entgegenkommens. Das gleiche gilt für die Erfüllung elterlicher Aufgaben, wobei Verläßlichkeit deutliche Vorteile hat. Eine Möglichkeit, sich konsistent zu verhalten, besteht darin, anzuerkennen, was die andere Person sagt, und dann ganz ruhig erneut auf die Grenze oder Regel zu verweisen. In der Zeit der Vinyl-Schallplatten wurde diese Technik »Sprung in der Platte« genannt, weil ein Kratzer auf einer dieser Platten dazu führte, daß eine bestimmte Passage einer Aufnahme unablässig wiederholt wurde. Es folgt ein Dialog zwischen einem vierzehnjährigen Sprecher und einem Elternteil:

Z: Ich gehe jetzt ein wenig nach draußen. Ich erledige den Rest der Hausaufgaben, wenn ich zurückkomme.

S: Tut mir leid, die Regel lautet, daß du zuerst deine Hausaufgaben erledigen mußt.

Z: Aber ich habe doch gar nicht so viel zu tun! Es wird nicht mehr lange dauern.

S: Es freut mich, daß du nicht mehr viel tun mußt, und die Regel lautet, daß du deine Hausaufgaben zuerst erledigen mußt.

Z: Auf keinen Fall! Meine Freunde warten schon auf mich.

S: Ich weiß, daß du sie gern treffen möchtest, und du mußt die Hausaufgaben zuerst fertigstellen.

Z: Das ist eine dämliche Regel.

S: Ich kann gut verstehen, daß dir das im Augenblick gar nicht paßt, und wir haben nun einmal die Regel: »Zuerst die Hausaufgaben.«

Z: Aber wenn ich damit fertig bin, sind meine Freunde weg!

S: Das wäre ziemlich ärgerlich für dich. Die Hausaufgaben haben Vorrang.

Z: Was soll ich ihnen denn sagen?

S: Daß wir eine Regel haben, nach der du zuerst deine Hausaufgaben machen mußt. Tut mir leid! Ruf sie an, und stelle fest, ob sie bereit wären, auf dich zu warten, bis du den Rest der Hausaufgaben auch noch erledigt hast.

Über gutes Zuhören hinaus

Gut zuzuhören ist an und für sich von Wert und kann außerdem als Grundlage für weitere Aktivitäten dienen. In dem Beispiel »Über Schluchten hinweg zuhören« (S. 124ff.) etwa hören Sie sich die Ansichten eines Freundes über ein kontroverses Thema an (und vielleicht hört Ihr Partner auch Ihnen zu), und daraus kann die Grundlage für die Fortsetzung eines Dialogs werden, in dem es *nicht* darum geht, wer gewinnt und wer verliert. Möglicherweise entdecken die beiden Beteiligten einige gemeinsame Ziele oder Überzeugungen, die zur Grundlage für eine spätere Zusammenarbeit werden können. Gut zuzuhören ist nur ein erster Schritt. Ähnlich priorisieren Sie beim »Zuhören in schwierigen Situationen« (S. 120 ff.) das Reflektieren über die Erlebnisse der anderen Person, um klar zu machen, daß Sie es »kapiert« haben. Wenn Sie diesen Punkt erreicht haben, können Sie vielleicht auch über eine Lösung verhandeln.

Das gleiche gilt für die Auflösung von Konflikten. Empathisches Zuhören ist ein guter Anfang, wenn man die Sichtweisen und Ziele eines anderen Menschen zu verstehen versucht. Ein Mediationsprozeß beginnt oft damit, daß beide Parteien einander zuhören. Beide erhalten in Anwesenheit eines Mediators die Möglichkeit, ihre Geschichte zu erzählen, während die andere Seite zuhört, im Idealfall ohne zu unterbrechen oder Kommunikationssperren zu benutzen. Wenn Menschen erleben, daß andere ihnen gut zuhören, sind sie oft eher bereit, selbst gut zuzuhören. Was haben beide Beteiligte gemeinsam? Vielleicht sind beide mit dem Status quo unglücklich und würden gern eine Lösung finden, durch welche die Situation generell verbessert wird. Was sind beide Beteiligte zu tun bereit? Und was wünschen sich beide, daß die andere Seite tut? Wechselseitige Bestätigung (siehe Kapitel 10) kann die Defensivität weiter verringern und die Kommunikation verbessern. Auch hier geht es nicht darum, daß eine Seite gewinnt und die andere verliert: Bei der Mediation wird nach einer für beide Beteiligte akzeptablen Möglichkeit des weiteren Vorgehens gesucht, welche die Bedürfnisse und Wünsche beider Seiten zumindest teilweise berücksichtigt. Hierbei gibt es einige deutliche Ähnlichkeiten mit der Heilung in Beziehungen (Kapitel 13).

Probier's aus!

Über Schluchten hinweg zuhören

Beginnen Sie mit jemandem, den Sie kennen, mögen und/oder respektieren und dessen Ansichten sich wahrscheinlich stark von Ihren eigenen unterscheiden. Die Meinungsverschiedenheiten können typische kontroverse Bereiche betreffen, beispielsweise politische Fragen, die Elternrolle, Religion oder Wertvorstellungen. Sie können dabei entweder Ihr einseitiges Zuhören anbieten oder vorschlagen, daß Sie sich beide Zeit zum Zuhören nehmen, um die Ansichten des Kommunikationspartners zu verstehen. Wie ich schon früher erwähnt habe, erfordert ein solches Interview in der Regel einige Erklärungen, etwa: »Ich frage mich, ob Sie bereit wären, sich eine Stunde Zeit zu nehmen und mir bei einem Kaffee zu erklären, was Sie bezüglich __________ denken und fühlen. Das soll keine Diskussion oder Debatte werden, sondern ich möchte Sie gern interviewen, und ich verfolge dabei kein anderes Ziel, als Ihre Sichtweise und das, was Ihnen wichtig ist, besser zu verstehen. Ich werde meine eigenen Ansichten nicht erwähnen, sondern nur zuhören, um Ihre Sicht zu verstehen. Eventuell stelle ich Ihnen ein paar Fragen, aber hauptsächlich werde ich versuchen, Ihnen möglichst gut zuzuhören.«

Wenn Sie sich Zeit nehmen, einem anderen Menschen zuzuhören und seine Sichtweise zu verstehen, verpflichtet das die andere Person nicht dazu, diese Gunst zu erwidern. Falls Sie einander im Zuhören abwechseln wollen, braucht die andere Person keine Erfahrung in der Anwendung der in den vorangegangenen Kapiteln beschriebenen Fertigkeiten zu haben. Indem Sie als erster die Rolle des Zuhörers übernehmen, fungieren Sie als Beispiel. Die wichtigste Regel beim Bemühen um gutes Zuhören ist, die Sicht der anderen Person zu verstehen, ohne darüber zu diskutieren oder zu debattieren. Eine Stunde ist eine gute Zeitspanne für eine solche Zuhörübung. Am leichtesten ist es, Fragen zu stellen und dann ruhig zu bleiben und sich die Antwort anzuhören; aber dies ist auch eine ideale Gelegenheit, sich im reflektierenden Zuhören zu üben.

Trotzdem denken Interviewer oft vorab über Fragen nach, die sie gern stellen würden. Es folgen einige Fragen, die man in einem Interview stellen kann, in dem es um die Erforschung politischer Werte geht:

1. In welchem Maße sind wir in unserer Gesellschaft nach Ihrer Meinung für das Wohl anderer verantwortlich?

2. In welcher Hinsicht beeinflußt Ihre spirituelle oder religiöse Haltung Ihre politischen Überzeugungen?
3. Wovor sollte unsere Regierung uns nach Ihrer Meinung schützen – wenn überhaupt vor irgend etwas?
4. Können Sie Dinge nennen, die die Regierung nach Ihrer Auffassung *nicht* tun sollte?
5. Wenn Sie über die Rolle der Regierung nachdenken, welche Möglichkeit sehen Sie dann, die beiden manchmal im Widerspruch stehenden Werte der individuellen Freiheit und des Gemeinwohls miteinander zu vereinbaren?
6. Wenn Sie an die politischen Themen denken, die Sie persönlich am stärksten berühren, was sagt das dann über Ihre Grundwerte aus?
7. Was denken Sie über das Bezahlen von Steuern und darüber, wie Steuereinnahmen genutzt werden sollten?
8. Welche Entscheidungen, die auf den verschiedenen Ebenen der Regierung getroffen werden, sind Ihrer Meinung nach die besten?
9. Gibt es ein Thema, hinsichtlich dessen Sie anderer Auffassung sind als Menschen in Ihrer Umgebung, die viele Ihrer politischen Auffassungen teilen? Wie unterscheidet sich Ihre Sicht von der dieser anderen und warum?

Dies sind nur Beispiele für die Erforschung allgemeinerer Werte. In Zusammenhang mit dem Interview können einige Probleme auftauchen, an die Sie vorher nicht gedacht haben. In jedem Fall sollten Sie nur jeweils eine offene Frage stellen und dann mit reflektierendem Zuhören fortfahren.

Es folgt nun noch eine Aufgabe, die auf ein bestimmtes Problem fokussiert und deshalb vermutlich weniger Zeit in Anspruch nimmt. Denken Sie an jemanden, dessen Sichtweise der Thematik sich von Ihrer eigenen stark unterscheidet. Laden Sie diese Person zu einem Gespräch über das Thema ein. Erklären Sie ihr vorab, daß Sie nicht streiten oder debattieren wollen, sondern sich seine Auffassung nur anhören wollen, um seine Sichtweise möglichst gut zu verstehen. Und widerstehen Sie unbedingt dem Drang, auf Ihrer eigenen Meinung zu beharren oder gar zu versuchen, Ihren Gesprächspartner zu überzeugen. Stellen Sie einige offene Fragen, aber üben Sie sich hauptsächlich im reflektierenden Zuhören, um sich zu vergewissern, daß Sie richtig verstehen, und dies auch zu zeigen. Bieten Sie am Ende des Gesprächs die bestmögliche Zusammenfassung der Sicht der anderen Person an, so wie Sie sie verstehen, wieder ohne jeden Kommentar und ohne eine abweichende Meinung zum Ausdruck zu bringen; und bedanken Sie sich zum Schluß für das Gespräch. Indem Sie dies tun, haben Sie schon zu einem besseren Verständnis beigetragen. Will Ihr Gesprächspartner die Gunst erwidern, um so besser.

In schwierigen Situationen zuhören

Wenn das nächste Mal jemand auf Sie wütend ist oder sich von Ihnen verletzt fühlt, dann versuchen Sie, zu empathischem Zuhören überzugehen, um dem anderen mitzuteilen, daß Sie die Reaktion verstehen. Sie brauchen nicht unbedingt einen Teil der Verantwortung zu übernehmen, auch wenn wir häufiger an Problemen einen Anteil haben, als uns vielleicht lieb ist. Einfach nur gut zuzuhören ist ein sehr positiver Schritt. Können Sie ehrlicherweise anerkennen, daß ein Teil der Verantwortung Ihnen anzulasten ist? Ist eine Entschuldigung angebracht? Könnte eine Veränderung in Zukunft das Gefühl, verletzt worden zu sein, verringern? Was würde Ihnen und Ihrem Kommunikationspartner gefallen?

Über gutes Zuhören hinaus

Wenn Sie sich das nächste Mal in einem Konflikt befinden, dann praktizieren Sie empathisches Zuhören, um sicher zu gehen, daß Sie die Auffassung der anderen Person richtig verstehen. Versuchen Sie, die Sicht des anderen in eigenen Worten zu formulieren, ohne sich urteilend zu äußern, und fragen Sie anschließend, ob Sie mit Ihrer Formulierung richtig liegen. Achten Sie dabei nicht nur auf Ihre Worte, sondern auch auf die Prosodie. Bitten Sie die andere Person anschließend, sich Ihre eigene Sicht anzuhören und Ihnen danach zu berichten, was sie gehört hat. Was können Sie beim anderen bestätigen? Was haben Sie beide gemeinsam? Was wünschen Sie sich, das passieren würde? Was wären Sie bereit zu tun? Welche Lösung würde Ihnen beiden gerecht?

16

Das Versprechen empathischen Verstehens

Es scheint, als würden Religionen – und vielleicht auch die Menschheit – nicht überleben, wenn wir im Stammesbewußtsein verhaftet bleiben und glauben, unsere Religion sei die »cinzige wahrc«.

— Richard Rohr

Empathisches Zuhören ist eine Wahl, die Sie treffen, eine Fertigkeit, die in bestimmten Situationen beim Umgang mit anderen Menschen nützlich sein kann. Man kann sie hin und wieder benutzen und damit eine positive Wirkung erzielen.

Doch empathisches Verstehen beinhaltet etwas, das in Ihnen wächst. Die Tür zur inneren Welt anderer zu öffnen ist so, als würden Sie eine ganze Bibliothek faszinierender Geschichten entdecken, von denen Sie noch nie gehört haben und die Sie gern lesen möchten. Wenn Sie die Welt durch die Augen eines anderen Menschen und durch Ihre eigenen betrachten, erschließt sich Ihnen ein ungeheurer Reichtum. Wenn Ihnen dies klar geworden ist, kann die Suche nach akkurater Empathie für Sie zu einem alltäglichen Bemühen werden.

Doch der Magnetismus empathischen Verstehens reicht weit über bloße Neugier hinaus. Akkurate Empathie vermag Beziehungen zu vertiefen, indem sie unter die Oberflächlichkeit gewöhnlichen Small-talks vordringt. Gespräche fördern nun ein tieferes Verstehen und Verbundenheit. Wird Freundschaft durch akkurate Empathie befeuert, wird sie zu Kameradschaft auf der Lebensreise. Öffnen vertraute Partner ihre Herzen in der Umarmung empathischen Verstehens, wird ihre Liebe und ihre Wertschätzung für einander vertieft. Familien, Gruppen und Gemeinschaften, denen empathische Zuhörer angehören, können Polarisierungen verhindern und so dauerhafte Verbundenheit fördern.

Akkurate Empathie kann in der Tat verändern, Augen und Herz für die Vielfalt der menschlichen Natur öffnen, für die unterschiedlichen Arten von Menschen, das Leben wahrzunehmen und zu empfinden. Gleichzeitig lehrt uns akkurate Empathie auf geheimnisvolle Weise die Einheit allen Menschseins – daß wir, in den Worten des Dichters Carl Sandburg »einander auf allen Kontinenten in unserem Bedürfnis nach Liebe, Nahrung, Kleidung, Arbeit, Gespräch, Gottesverehrung, Schlaf, Spiel, Tanz, Freude [gleichen]. Von den Tropen bis zur Arktis lebt die Menschheit mit diesen Bedürfnissen, die einander so sehr gleichen, so unerbittlich gleichen.«[31] Gut und tief zuzuhören fördert ein mitfühlendes und geduldiges Akzeptieren menschlicher Schwächen – der Schwächen anderer ebenso wie unserer eigenen.

Und darin liegt ein Paradox, so wie es viele Wahrheiten bergen. Etwas in den meisten Menschenwesen will urteilen, korrigieren, kritisieren und Mängel bestrafen, als ob wir glaubten, Menschen würden sich verändern, wenn sie sich schlecht genug fühlten. Genau das Gegenteil scheint zuzutreffen. Sich inakzeptabel zu fühlen erzeugt eine Art Lähmung, die jede Veränderung erschwert. Veränderung wird jedoch möglich, wenn wir uns so akzeptiert fühlen, wie wir sind, was einer augenblicklichen Realisation von unverdientem Respekt und von Anmut gleichkommt. Begabte Lehrer und Helfer lernen, denjenigen, für die sie sorgen, ein empathisches Erlebnis des Akzeptiertwerdens zu ermöglichen. Tatsächlich erleben Klienten, die von zu akkurater Empathie fähigen Therapeuten betreut werden, am wahrscheinlichsten Veränderungen zum Positiven, wohingegen Therapeuten mit eher geringer Empathiefähigkeit manchmal schlechtere Behandlungsresultate erzielen, als würde gar keine Therapie stattfinden.[32] Die Fähigkeit zu dieser Art von Heilung war nie ausgebildeten Therapeuten vorbehalten. Laien können einander diese Gabe durchaus im Alltagsleben anbieten.

Ein Teil dieser Gabe besteht darin, »zuerst zu gehen« – bereit zu sein, die Initiative zu ergreifen und zuzuhören. Es ist ein liebevoller und ansteckend wirkender Akt, Zeit und Aufmerksamkeit aufzuwenden, indem man zuhört, um zu verstehen. Sich auf andere einzustimmen ist eine Entscheidung, die Sie in fast jeder Situation treffen können. Im Idealfall ist die Einstimmung beidseitig. Mit dem Zuhören den Anfang zu machen ist eine Alternative zur Ichzentriertheit und kann die Tür zu beidseitigem Austausch und zur Zusammenarbeit öffnen. Natürlich gelingt das nicht immer, aber ohne diese Art von Eingestimmtheit können bedeutsame Beziehungen wahrscheinlich gar nicht entstehen.

Sich für empathisches Verstehen zu entscheiden kann weitreichende Auswirkungen haben. Diese Art zu sein widersetzt sich der Illusion des »Wir gegen sie«. Dies ist ein Schritt, der vom stammesbezogenen Denken, das nur Gewinner und Verlierer kennt, wegführt und sich in Richtung eines Verständnisses der Menschheit als einer vielfältig verbundenen Familie bewegt. Niemand verlangt dies von uns, aber wir könnten empathischem Verstehen einmal unser Überleben verdanken.[33]

Anmerkungen und Literatur

1. Rogers, C. R. (1959). A theory of therapy, personality, and interpersonal relationships as developed in the client-centered framework. In: S. Koch (Hg.), *Psychology: The study of a science. Vol. 3. Formulations of the person and the social contexts* (S. 184–256). New York: McGraw-Hill.
2. Truax, C. B., & Carkhuff, R. R. (1967). *Toward effective counseling and psychotherapy*. Chicago: Aldine, S. 285. Kursive Hervorhebung im Originaltext.
3. Ich benutze die Begriffe »empathisches Verstehen« und »akkurate Empathie« in diesem Buch austauschbar, wenn es um die umfassendere Fähigkeit geht, die dem Gebrauch spezifischer Fertigkeiten des Zuhörens zugrundeliegt.
4. Gladwell, M. (2008). *Outliers: The story of success*. New York: Little, Brown; dt. (2009). *Überflieger: Warum manche Menschen erfolgreich sind – und andere nicht*. Frankfurt: Campus.
5. Rogers, C. R. (1980). Empathic: An unappreciated way of being. In: C. R. Rogers (Hg.), *A way of being*. New York: Houghton Mifflin, S. 137 – siehe Anmerkung 11.
6. Gordon, T. (1970). *Parent effectiveness training*. New York: Wyden; dt. (1972). *Familienkonferenz: die Lösung von Konflikten zwischen Eltern und Kind*. Hamburg: Hoffmann und Campe. Gordon, T., & Edwards, W. S. (1997). *Making the patient your partner: Communication skills for doctors and other caregivers*. New York: Auburn House; dt. (1997). *Patientenkonferenz: Ärzte und Kranke als Partner*. Hamburg: Hoffmann und Campe.
7. Salzberg, S. (1995). *Lovingkindness: The revolutionary art of happiness*. Boston: Shambhala; dt. (2018). *Metta Meditation: Buddhas revolutionärer Weg zum Glück*. Freiburg: Arbor. Armstrong, K. (2010). *Twelve steps to a compassionate life*. New York: Alfred A. Knopf; dt. (2012). *Die Botschaft*. München: Pattloch.
8. Siehe Anmerkung 6.

9. Reflektierendes Zuhören ist eine spezifische Fertigkeit, und ich benutze diesen Begriff austauschbar mit »empathischem Zuhören«. Beides entspricht außerdem Thomas Gordons Begriff »aktives Zuhören«.
10. Rogers, C. R. (1965). *Client-centered therapy*. Boston: Houghton Mifflin; dt. (1973). *Die klient-bezogene Gesprächstherapie*. München: Kindler. (Das Zitat stammt tatsächlich von Thomas Gordon aus Kapitel 8 des Buches, S. 311. Anm. d. Übers.)
11. Rogers, C. R. (1980). *A way of being*. Boston: Houghton Mifflin; dt. (1981). *Der neue Mensch*. Stuttgart: Klett-Cotta.
12. Alberti, R., & Emmons, M. (2017). *Your perfect right: Assertiveness and quality in your life and relationships*. Oakland: Impact Publishers; dt. (1977). *Ich behaupte mich selbst*. Frankfurt: Fachbuchhandlung für Psychologie. Jakubowski, P., & Lange, A. J. (1978). *The assertive option: Your rights and responsibilities*. Champaign: Research Press.
13. Wink, W. (2003). *Jesus and nonviolence: A third way*. Minneapolis: Fortress Press.
14. Cooperrider, D. L., & Whitney, D. (2005). *Appreciative inquiry: A positive revolution in change*. San Francisco: Berrett-Koehler.
15. Bass, B. M., & Riggio, R. E. (2014). *Transformational leadership* (2nd ed.). New York: Routledge.
16. Jung, C. G. (1921). *Psychologische Typen*. Zürich: Rascher.
17. Myers, I. B., & Myers, P. B. (1995). *Gifts differing: Understanding personality type*. Mountain View: Davies-Black.
18. Kiersey, D., & Bates, M. (1984). *Please understand me: Character and temperament types* (5th ed.). Green Valley Lake: Prometheus Nemesis.
19. Berghoef, K., & Bell, M. (2017). *The modern Enneagram: Discover who you are and who you can be*. Berkeley: Althea Press.
20. de Saint-Exupéry, A. (1943). *The Little Prince*. New York: Reynal & Hitchcock; dt. (1950). *Der kleine Prinz*. Bad Salzig: Rauch.
21. Kurtz, E., & Ketcham, K. (1992). *The spirituality of imperfection: Storytelling and the journey to wholeness*. New York: Bantam; dt. (2006). *Die Spiritualität der Unvollkommenheit*. Goch: Santiago-Verlag.
22. Gottman, J. M., & DeClaire, J. (2001). *The relationship cure: A 5 step guide to strengthening your marriage, family, and friendships*. NY: Three Rivers Press.
23. »[We were] made for joy and woe; And when this we rightly know, Through the world we safely go.« – William Blake, *Auguries of Innocence*.

24. Eldridge, K. A., Sevier, M., Jones, J., Atkins, D. C., & Christensen, A. (2007). Demand-withdraw communication in severely distressed, moderately distressed, and nondistressed couples: Rigidity and polarity during relationship and personal problem discussions. *Journal of Family Psychology, 21*(2), 218–226.
25. Rokeach, M. (1973). *The nature of human values*. New York: Free Press. Kirschenbaum, H. (2013). *Values Clarification in Counseling and Psychotherapy: Practical strategies for individual and group settings*. New York: Oxford University Press; dt. (2014). *Werte klären in Psychotherapie und Beratung.* Weinheim: Beltz.
26. Miller, W. R., & Rollnick, S. (2013). *Motivational interviewing: Helping people change* (3rd ed.). New York: Guilford Press; dt. (2015). *Motivierende Gesprächsführung.* Freiburg: Lambertus.
27. Franklin, B. (1772). Moral or prudential algebra: Letter to Joseph Priestly (September 19). *The writings of Benjamin Franklin* (Vol. 3: London 1757–1775).
28. Eine komplexere Version wurde beschrieben und erforscht von Janis, I. L., & Mann, L. (1977). *Decision making: A psychological analysis of conflict, choice and commitment*. New York: Free Press.
29. Miller, W. R., C'de Baca, J., Matthews, D. B., & Wilbourne, P. (2011). *Personal Values Card Sort*. Department of Psychology. University of New Mexico. Albuquerque.
30. Wir benutzten einen ähnlichen Kartensatz in einer Studie über Menschen, die in ihrem Leben plötzliche transformierende Veränderungen erlebt hatten: Miller, W. R., & C'de Baca, J. (2001). *Quantum change: When epiphanies and sudden insights transform ordinary lives*. New York: Guilford Press.
31. Aus Carl Sandburgs Prolog zu einen Fotoband aus dem Jahre 1955: *The Family of Man*.
32. Elliott, R., Bohart, A. C., Watson, J. C., & Greenberg, L. S. (2011). Empathy. *Psychotherapy, 48*(1), 43–49. Moyers, T. B., & Miller, W. R. (2013). Is low therapist empathy toxic? *Psychology of Addictive Behaviors, 27*(3), 878–884.
33. Miller, W. R. (2017). *Lovingkindness: Realizing and practicing your true self.* Eugene: Wipf & Stock. Wilber, K. (2017). *The religion of tomorrow: A vision for the future of the great traditions – more inclusive, more comprehensive, more complete*. Boulder: Shambhala.

TITELLISTE – Auswahl

Eine ausführliche Präsentation sämtlicher lieferbaren und geplanten Titel unseres Verlages finden Sie im Internet unter *www.gp-probst.de*

Band 2 – Emerson & Hopper: *Trauma-Yoga* (3. Aufl.)
Band 4 – Rosengren: *Arbeitsbuch Motivierende Gesprächsführung* (3. Aufl.)
Band 5 – Skeen: *Lebensfallen in der Partnerschaft*
Band 7 – Rollnick, Miller & Butler: *Motivierende Gesprächsführung in den Heilberufen* (2. Aufl.)
Band 10 – Hyman & Pedrick: *Arbeitsbuch Zwangsstörungen* (2. Aufl.)
Band 12 – Putnam: *Handbuch Dissoziative Identitätsstörung*
Band 13 – Scaer: *Das Trauma-Spektrum*
Band 17 – Paulsen: *Trauma und Dissoziation mit neuen Augen sehen* (2. Aufl.)
Band 18 – NurrieStearns: *Trauma-Heilung durch Yoga und Meditation*
Band 22 – Wallin: *Bindung und Veränderung in der psychotherapeutischen Beziehung*
Band 23 – van der Kolk: *Verkörperter Schrecken* (6. Aufl.)
Band 24 – Emerson: *Trauma-Yoga in der Therapie*
Band 26 – McBride: *Werde ich jemals gut genug sein* (3. Aufl.)
Band 29 – Porges: *Die Polyvagal-Theorie und die Suche nach Sicherheit* (3. Aufl.)
Band 30 – Burns: *Feeling Good in zehn Schritten*
Band 31 – Scaer: *Acht Schlüssel zur Gehirn-Körper-Balance*
Band 33 – Manning: *Ich liebe einen Borderliner*
Band 34 – Schwartz: *Arbeitsbuch Komplexe PTBS*
Band 35 – Najavits: *Trauma, Sucht und die Suche nach Sicherheit*
Band 36 – Dana: *Die Polyvagal-Theorie in der Therapie* (2. Aufl.)
Band 37 – Anderson, Sweezy & Schwartz: *Therapeutische Arbeit im System der Inneren Familie*
Band 38 – Porges & Dana (Hrsg.): *Klinische Anwendungen der Polyvagal-Theorie*
Band 39 – Rahm & Meggyesy (Hrsg.): *Somatische Erfahrungen in der psychotherapeutischen und körpertherapeutischen Traumabehandlung*
Band 40 – Mischke-Reeds: *Somatische Psychotherapie – ein Werkzeugkasten*
Band 41 – Bentzen: *Neuroaffektive Meditation*
Band 42 – Schwartz & Maiberger: *EMDR-Therapie und Somatische Psychologie*
Band 45 – Delahooke: *Mehr als Verhalten*
Band 46 – Schwartz: *Vom Trauma genesen – ein Übungsbuch*